AF298887

PARTIE SUPPLÉMENTAIRE

PARTIE SUPPLÉMENTAIRE

LOIS, DOCUMENTS LÉGISLATIFS, ADMINISTRATIFS & JUDICIAIRES

NON PUBLIÉS DANS LE COURS DE L'OUVRAGE

LOI DU 26 JUILLET 1873

RELATIVE A L'ÉTABLISSEMENT ET A LA CONSERVATION

DE LA PROPRIÉTÉ EN ALGÉRIE

TITRE PREMIER

DISPOSITIONS GÉNÉRALES

Article premier. — L'établissement de la propriété immobilière en Algérie, la conservation et la transmission contractuelle des immeubles et droits immobiliers, quels que soient les propriétaires, sont régis par la loi française.

En conséquence, sont abolis tous droits réels, servitudes ou causes de résolution quelconques, fondés sur le droit musulman ou kabyle, qui seraient contraires à la loi française.

Le droit réel de chefâa ne pourra être opposé aux acquéreurs qu'à titre de retrait successoral, par les parents successibles, d'après le droit musulman et sous les conditions prescrites par l'art. 841 du Code civil.

Art. 2 (1). — Les lois françaises, et notamment celle du 23 mars 1855, sur la transcription, seront appliquées aux transactions immobilières :

1° A partir de la promulgation de la présente loi, pour les conventions qui interviendront entre individus régis par des statuts différents;

2° A partir de la même époque, pour les conventions entre Musulmans, relatives à des immeubles situés dans les territoires qui ont été soumis à l'application de l'ordonnance du 21 juillet 1846, et dans ceux où la propriété a été constituée par voie de cantonnement ;

3° Au fur et à mesure de la délivrance des titres de propriété, pour les conventions relatives aux immeubles désignés à l'art. 3 ci-après.

---

(1) L'art. 2 du projet de loi était ainsi conçu :

« Les lois françaises, et notamment la loi du 23 mars 1855 sur la transcription seront seules appliquées :

1° A partir de la promulgation de la présente loi, à toutes transactions qui interviendront entre individus régis par des statuts différents;

2° A dater de la délivrance des titres français mentionnés à l'art. 3 ci-après, pour l'établissement ou la conservation de la propriété et la transmission contractuelle des immeubles et droits immobiliers, quels que soient les possesseurs et contractants. »

Art. 3 (1). — Dans les territoires où la propriété collective aura été consta-tée au profit d'une tribu ou d'une fraction de tribu, par application du sé-natus-consulte du 22 avril 1863, ou de la présente loi, la propriété indivi-duelle sera constituée par l'attribution d'un ou plusieurs lots de terre aux ayants droit et par la délivrance de titres opérée conformément à l'art. 20 ci-après.

La propriété du sol ne sera attribuée aux membres de la tribu que dans la mesure des surfaces dont chaque ayant droit a la jouissance effective ; le surplus appartiendra, soit au douar comme bien communal, soit à l'État comme bien vacant ou en déshérence, par application de l'art. 4 de la loi du 16 juin 1851.

Dans tous les territoires autres que ceux mentionnés au § 2 de l'art. pré-cédent, lorsque l'existence de droits de propriété privée, non constatés par acte notarié ou administratif, aura été reconnue par application du titre II ci-après, des titres nouveaux seront délivrés aux propriétaires.

Tous les titres délivrés formeront, après leur transcription, le point de départ unique de la propriété, à l'exclusion de tous autres.

Art. 4. — Le maintien de l'indivision est subordonné aux dispositions de l'art. 815 du Code civil.

Art. 5. — L'enregistrement des titres délivrés en exécution de l'art. 3 aura lieu au droit fixe de 1 franc. La transcription sera opérée sans autres frais que le salaire du conservateur.

Art. 6. — Il sera, en exécution de l'art. 3 de la présente loi, et sous la réserve expresse du recours devant les tribunaux, stipulé à l'art. 18 ci-après, procédé administrativement à la reconnaissance de la propriété pri-vée et à sa constitution partout où le sol est possédé à titre collectif par les membres d'une tribu ou d'un douar.

---

(1) Art. 3 du projet de loi :

« Partout où la propriété *melk* ou la possession *arch* auront été cons-tatées à titre collectif, par application du sénatus-consulte du 22 avril 1863, un titre particulier de la part afférente à chaque chef de famille ou individu dans la propriété ou possession commune sera délivré à l'ayant droit.

L'attribution sera faite au prorata des droits de chacun, suivant les lois et coutumes locales. Toutefois, dans les territoires *arch,* la propriété du sol ne sera attribuée aux indigènes des tribus que dans la mesure des surfaces effectivement exploitées par chaque famille. Le surplus appartiendra à l'État à titre de bien vacant.

Le maintien de l'indivision est subordonné aux dispositions de l'art. 815 du Code civil.

. Lorsque l'indivision existera entre plusieurs groupes ou individus ne représentant pas immédiatement un même auteur, le partage en nature ou la licitation par devant notaire pourront être ordonnés d'office par des arrêtés du gouverneur général déclarant qu'il est d'utilité publique de faire cesser l'état d'indivision. »

Art. 5. — « Un règlement d'administration publique déterminera le mode et les conditions de la constatation de la propriété, la forme des titres et les conditions de leur remise ainsi que les formalités légales après l'accomplissement desquelles lesdits titres, dûment transcrits, formeront le point de départ unique de la propriété à l'exclusion de tous droits anté-rieurs. »

V

Art. 7. — Il n'est point dérogé par la présente loi au statut personnel, ni aux règles de succession des indigènes entre eux (1).

---

(1) Voici les dispositions du règlement d'administration publique, devenu projet de loi de procédure, joint au 1er projet de loi, que la Commission et l'Assemblée supprimèrent, en se référant au droit commun pour les partages :

Des partages et des licitations

« Lorsque en conformité de l'art. 3, § 4 de la loi du des arrêtés du gouverneur général, rendus en conseil de gouvernement, auront déclaré qu'il est d'utilité publique de faire cesser l'indivision existant entre plusieurs groupes ou individus ne représentant pas immédiatement un même auteur, il sera, à la requête du préfet du département, rendu par le président du tribunal civil de la situation des biens, une ordonnance à l'effet de désigner : 1° le notaire qui devra procéder aux opérations de partage ou de licitation entre les ayants droit; 2° un géomètre et deux membres de la djemmâa du douar, choisis en qualité d'expert, pour assister ledit officier ministériel dans ses opérations.

Les mineurs, absents, interdits et femmes mariées seront représentés par leurs tuteurs légaux ou datifs et par leurs maris.

Il n'y aura pas lieu à partage judiciaire.

Le partage est toujours de droit. Dans ce cas, les lots sont faits par l'un des co propriétaires, s'ils peuvent convenir entre eux sur le choix et si celui qu'ils auront choisi accepte la mission. Dans le cas contraire, les lots seront faits par les deux membres de la djemmâa et le géomètre désignés par représentation d'experts, lesquels seront dispensés du serment.

Il sera procédé, autant que possible, par attributions en nature.

Toutes les autres formalités auxquelles donnera lieu la procédure du partage seront remplies en conformité de la loi française.

Au cas où les experts déclareraient les immeubles non partageables, la licitation sera effectuée par le notaire délégué dans l'ordonnance du président du tribunal.

Les étrangers seront toujours admis à l'adjudication.

Le jour de l'adjudication sera annoncé par affiches apposées, par les soins du notaire, à la porte de la mairie de la commune de la situation des biens et de l'étude dudit officier ministériel, 15 jours au moins avant l'adjudication.

Pour les autres formalités et incidents, les parties se conformeront aux prescriptions de la loi française.

Tous les actes et jugements relatifs soit aux licitations, dans les conditions prévues par l'art. 22 de la présente loi, seront enregistrés au droit fixe de un franc.

Les honoraires et frais de notaire et du géomètre-expert seront taxés suivant un tarif spécial par le président du tribunal. Chacun des deux délégués de la djemmâa n'aura droit qu'à une vacation de 3 francs par jour.

L'avance des frais et honoraires de partage ou de licitation sera faite par l'administration de l'enregistrement, comme en matière d'assistance judiciaire. »

TITRE II

DE LA PROCÉDURE RELATIVE A LA CONSTATATION DE LA PROPRIÉTÉ PRIVÉE ET
A LA CONSTITUTION DE LA PROPRIÉTÉ INDIVIDUELLE

CHAPITRE PREMIER. — *De la procédure relative à la constatation de la
propriété privée* (1)

(1) Le règlement d'administration publique, devenu projet de loi de procédure qui a servi à former les titres II et III de la loi, contenait une procédure particulière pour la constatation de la propriété *melk* dirigée par l'autorité judiciaire, par le président du tribunal, qui nommait le commissaire, et une autre purement administrative pour l'établissement de la propriété en terre *arch*. La Commission, des deux procédures, n'en fit qu'une seule, elle adopta, *pour la forme de la procédure*, non pour le jugement des contestations, les articles relatifs à la propriété *arch*, sauf quelques variantes inutiles à noter.

Des articles du titre II nous rappellerons seulement les articles suivants du projet, en faisant remarquer que le projet ne s'occupait que de propriété *melk* et *arch*, c'est-à-dire de la propriété indigène. En supprimant ces mots, la Commission a soin de dire qu'elle ne modifie que les termes et non le fond. M. Warnier, M. Humbert, tous les orateurs, ne parlent jamais que de propriété indigène privée à constater, et de propriété indigène collective à constituer :

Projet de loi de procédure

TITRE Ier. — *De la constatation de la propriété melk et de la délivrance
des titres français*

Art. 2. — Chaque fois qu'il y aura lieu de procéder à la constatation de la propriété et à la vérification de ses limites à fin de délivrance de titres français, un arrêté du gouverneur général désignera la circonscription territoriale dans laquelle il sera procédé à cette reconnaissance et fixera le délai dans lequel les opérations seront entreprises. Ce délai ne sera pas moindre d'un mois à compter du jour de l'insertion de l'arrêté du gouverneur général dans les journaux officiels de la colonie.

Ledit arrêté publié, en outre, dans les principaux marchés du *douar* et affiché en français et en arabe à la mairie de la commune et partout où besoin sera, constituera, pour tous les intéressés, mise en demeure d'avoir à réunir tous documents ou témoignages utiles pour établir leurs droits de propriété et propres à fixer les limites des immeubles pour lesquels ils revendiquent un titre français.

Art. 3. — A l'expiration du délai fixé en l'article précédent, il sera procédé à la requête du préfet, par le président du tribunal de la situation des biens, à la nomination d'un commissaire enquêteur, qui sera choisi dans l'ordre judiciaire ou administratif.

Art. 5. — Au jour indiqué par son ordonnance, le commissaire enquêteur se transportera sur les lieux et procédera, avec le concours d'un géomètre et, s'il y a lieu, d'un interprète, en présence du maire et de deux délégués du conseil municipal, ou du président et de deux délégués de la djemmâa, à la constatation des titres de propriété, ainsi qu'à la vérification des limites de chaque propriété, qu'elle soit détenue indivisément par un groupe ou privativement par un seul individu.

Art. 8. — Le gouverneur général civil de l'Algérie, les conseils généraux préalablement consultés, désignera par des arrêtés les circonscriptions territoriales qui doivent être soumises aux opérations prévues par l'art. 6 ci-dessus et le délai dans lequel elles seront entreprises. Ce délai ne pourra être moindre d'un mois à dater du jour de l'insertion de l'arrêté dans le *Mobacher* et l'un des journaux de l'arrondissement ou, à défaut, du département où se trouvent comprises lesdites circonscriptions territoriales.

Le même arrêté sera publié dans les principaux marchés de la tribu, affiché en français et en arabe à la mairie de la commune et partout où besoin sera.

Ces insertions et publications constitueront pour tous les intéressés une mise en demeure d'avoir à réunir tous documents ou témoignages utiles pour établir leurs droits et les limites des terres qu'ils possèdent.

Art. 9. — A l'expiration du délai fixé par l'art. 8, il sera procédé par le gouverneur général civil à la nomination d'un commissaire enquêteur.

Art. 10. — Au vu de l'arrêté qui l'aura nommé, le commissaire enquêteur requerra tous les dépositaires des états de population, des états statisti-

---

Cette première opération faite, il constatera la quotité de l'immeuble indivis à laquelle chaque copropriétaire a droit, sans s'occuper des éléments de partage effectif, lequel ne peut être poursuivi qu'ultérieurement, dans l'une ou l'autre des conditions exprimées à l'art. 3, §§ 3 et 4 de la loi du.....

Les mineurs, les interdits et toutes parties non présentes seront représentés par leurs tuteurs légaux ou datifs, leurs mandataires, les cadis ou toutes autres personnes ayant droit de représentation légale, suivant la loi ou les coutumes musulmanes.

TITRE II. — *De l'établissement de la propriété en terre arch et de la délivrance des titres français*

Art. 11. — Chaque fois qu'il y aura lieu de procéder en terre *arch* à la constitution de la propriété privée, et à la délivrance des titres français, un arrêté du gouverneur général désignera la circonscription territoriale dans laquelle il sera procédé à cette opération, et fixera le délai dans lequel elle sera entreprise. Ce délai ne pourra être moindre d'un mois, à compter du jour de l'insertion de l'arrêté du gouverneur général dans les journaux officiels de la colonie.

Ledit arrêté, publié en outre dans les principaux marchés du *douar*, et affiché, en français et en arabe à la mairie de la commune, et partout où besoin sera, constituera, pour tous intéressés, mise en demeure d'avoir à faire décrire et déterminer, d'une façon apparente, sur le sol, les limites des terres qu'ils détiennent, ainsi qu'à réunir tous documents ou témoignages propres à établir le fait de leur jouissance.

Le procès-verbal du commissaire enquêteur, accompagné de tout le dossier de l'enquête, est soumis au gouverneur général en conseil de gouvernement.

Immédiatement après l'approbation du gouverneur général, il est procédé par le service des domaines à l'établissement des titres nominatifs de propriété. En cas d'indivision, les titres expriment : 1° la quotité de l'immeuble à laquelle le titulaire a droit, sans appliquer toutefois cette quotité à aucune des parties dudit immeuble; 2° les noms de tous les copropriétaires.

ques, listes individuelles et autres documents ayant servi, pendant les cinq dernières années, à l'assiette et au recouvrement des rôles d'impôt, de mettre à sa disposition, dans le délai de quinzaine, tous registres, pièces et renseignements qui lui seront nécessaires pour l'accomplissement de sa mission ; il rendra ensuite une ordonnance indiquant le jour où il se transportera sur les lieux.

Cette ordonnance sera publiée et affichée en français et en arabe, dans les mêmes conditions et aux mêmes endroits que l'arrêté rendu en exécution de l'art. 8.

Art. 11. — Au jour indiqué par son ordonnance, le commissaire enquêteur se rendra sur les lieux, assisté d'un géomètre et, si cela est nécessaire, d'un interprète.

En présence du maire et de deux délégués du conseil municipal, ou du président et de deux délégués de la djemâa, et dans tous les cas, si besoin est, du cadi ou autres dépositaires des actes ou contrats, il recevra toutes demandes, requêtes, témoignages et pièces justificatives relatifs à la propriété ou à la jouissance du sol. Il rapprochera les revendications des documents en sa possession et des limites indiquées sur le terrain par les prétendants droit aux parcelles occupées soit indivisément par un groupe, soit privativement par un seul individu.

Cette première opération faite, il constatera les droits de chaque copropriétaire ou occupant, sans déterminer les éléments du partage, qui ne pourra être poursuivi qu'après la délivrance des titres français de propriété, en vertu de l'art. 815 du Code civil, comme il a été dit à l'art. 4 de la présente loi.

Les mineurs, les interdits et toutes parties non présentes, seront représentés par leurs tuteurs légaux ou datifs, leurs mandataires, les cadis et toutes autres personnes ayant la représentation légale, suivant le droit musulman.

Art. 12. — Le commissaire enquêteur mentionnera dans son procès-verbal et signalera à l'administration du domaine tous les immeubles vacants, conformément aux dispositions de l'art. 3 ci-dessus.

Art. 13. — Les opérations terminées, un double du procès-verbal, dressé par le commissaire enquêteur, sera déposé entre les mains du juge de paix, ou, à défaut, du maire ou de l'administrateur français de la circonscription.

Une traduction en langue arabe de ce même procès-verbal sera également déposée entre les mains du président de la djemâa ou de l'adjoint indigène, et, à défaut, entre les mains du cadi.

Ces dépôts seront portés à la connaissance des intéressés par des insertions et publications semblables à celles énoncées en l'art. 8.

Art. 14. — Pendant trois mois, à partir des insertions et publications sus-mentionnées, tout intéressé pourra, par lui-même ou par mandataire, prendre connaissance du procès-verbal et y faire les observations qu'il jugera convenables.

Art. 15. — Les réclamations de nature à affecter les constatations du commissaire enquêteur seront reçues par les dépositaires du procès-verbal pendant ce délai, et immédiatement transcrites à la suite du dit acte, sur un registre coté et paraphé par ledit commissaire enquêteur.

Art. 16. — A l'expiration du délai fixé par l'art. 14, le commissaire enquêteur se transportera de nouveau sur les lieux, tous les intéressés dûment prévenus au moins quinze jours à l'avance, par les moyens de publicité indiqués à l'art. 8, à l'effet de vérifier l'objet des réclamations, de concilier les parties, si faire se peut, et d'arrêter définitivement ses conclusions.

Art. 17 (1). — Pour tout ce qui se rapporte à la constatation, à la recon-naissance et à la confirmation de la propriété possédée à titre privatif et non constatée par acte notarié ou administratif, le service des domaines, sur le vu des conclusions du commissaire enquêteur, procédera à l'établis-sement des titres provisoires de propriété au nom des individus dont les droits ne seront pas contestés.

Ces titres indiqueront, avec un plan à l'appui, la nature, la situation et deux au moins des tenants de chaque immeuble ; en cas d'indivision, ils énonceront les noms de tous les héritiers copropriétaires, ainsi que la quote-part à laquelle chacun d'eux a droit.

Chaque titre contiendra l'adjonction d'un nom de famille aux prénoms ou surnoms sous lesquels est antérieurement connu chaque indigène dé-claré propriétaire, au cas où il n'aurait pas de nom fixe. Le nom choisi par l'indigène ou, à défaut, par le service des domaines sera, autant que possible, celui de la parcelle de terre à lui attribuée.

Avis de ces opérations sera donné par insertions et publications, comme il a été dit en l'art. 8.

Art. 18 (2). — Trois mois sont accordés, à dater de cette publication, à toute partie intéressée, pour contester devant les tribunaux français de l'ordre judiciaire les opérations du commissaire enquêteur et les attribu-tions faites sur ses conclusions par le service des domaines, en vertu de l'article 17, mais en tant seulement que ces attributions porteraient atteinte à des droits réels.

A l'expiration de ce nouveau délai, les titres non contestés deviennent définitifs; ils sont immédiatement enregistrés et transcrits aux frais des ti-tulaires par les soins du service des domaines.

Ils forment, à dater du jour de leur transcription, le point de départ uni-que de la propriété, à l'exclusion de tous droits réels antérieurs, comme il est dit à l'article 3.

---

(1) Voici comment cet article était rédigé au projet de loi :

« Art. 10. — Au vu des conclusions du commissaire enquêteur, le service des domaines procédera à l'établissement des titres provisoires de propriété, au nom de tous les individus dont les droits auront été reconnus par le commissaire enquêteur. En cas d'indivision, ces titres expriment : 1º la quotité de l'immeuble à laquelle le titulaire a droit, sans appliquer toutefois cette quotité à aucune des parties de l'immeuble; 2º les noms de tous les co propriétaires.

Avis de cette attribution sera publié et affiché en français et en arabe partout où besoin est.

(2) Art. 11. — Trois mois sont accordés pour contester devant les tribu-naux de l'ordre judiciaire les opérations du commissaire enquêteur et les attributions faites par le service des domaines.

A l'expiration de ce nouveau délai, les titres non contestés deviennent définitifs.

« Art. 12. — Ces titres sont immédiatement enregistrés et transcrits, aux frais des titulaires, et par les soins du service des domaines, dans les conditions prescrites par la loi du........ Ils forment, à dater du jour de leur transcription, le point de départ unique de la propriété à l'exclusion de tous droits antérieurs, comme il est dit en l'art. 5 de ladite loi.

Les titres contestés sont ultérieurement enregistrés, transcrits et délivrés dans les mêmes conditions, au fur et à mesure des jugements attributifs de propriété, qui seront rendus à bref délai.

Aussitôt qu'il aura été statué définitivement sur les contestations, les titres sur lesquels elles auront porté seront ou maintenus ou rédigés à nouveau, en prenant pour base les décisions intervenues; puis ils seront transcrits et délivrés de la même manière que ceux pour lesquels il n'y aura pas de contestation. A partir de ces transcriptions, la loi du 23 mars 1855 produira tous ses effets.

Art. 19 (1). — Tout créancier hypothécaire ou tout prétendant à un droit réel sur l'immeuble devra, à peine de déchéance, faire inscrire ou transcrire ses titres au bureau des hypothèques de la situation des biens, avant la transcription du titre français.

Ces inscriptions, transcriptions ou renouvellements des inscriptions précédemment prises devront contenir les prénoms et noms de famille portés dans les titres provisoires, établis conformément à l'article 17.

Le conservateur des hypothèques ne pourra transcrire aucun acte translatif de propriété postérieur à la délivrance des titres français s'il ne contient pas les noms de famille des parties contractantes.

CHAPITRE II.— *De la procédure relative à la constitution de la propriété individuelle*

Art. 20. — Dans tous les cas où il s'agira de constituer la propriété individuelle sur les territoires occupés par les tribus ou par les douars à titre collectif, il sera procédé suivant les formes prescrites par les art. 8, 9, 10 et 11 ci-dessus. Le procès-verbal du commissaire enquêteur, accompagné de tout le dossier de l'enquête, d'un plan parcellaire et d'un registre terrier, sera soumis à l'approbation du gouverneur général civil, en conseil de gouvernement.

L'arrêté d'homologation sera pris dans le délai de deux mois, à partir de la réception du dossier au secrétariat du conseil de gouvernement.

Immédiatement après l'approbation du gouverneur général civil, il sera procédé, par le service des domaines, à l'établissement des titres nominatifs de propriété. Ces titres seront accompagnés de plans; en cas d'indivision constatée, les titres exprimeront en regard du nom de chaque copropriétaire la quote-part à laquelle il aura droit, sans appliquer néanmoins cette quote-part à aucune des parties de l'immeuble.

Art. 21. — Les titres français sont enregistrés et transcrits aux frais des titulaires, par les soins du service des domaines, dans les conditions exprimées en l'art. 5.

Art. 22. — L'administration des domaines inscrit, au sommier des consistances des immeubles appartenant à l'État, tous les biens déclarés vacants ou en déshérence, en vertu des articles 3 et 12, quand ils n'auront pas fait l'objet de revendications régulières dans le délai imparti par l'art. 15.

Art. 23. — La présente loi ne s'applique pas aux biens séquestrés; cependant, si le séquestre est levé sur tout ou partie de ces biens, des titres individuels sont immédiatement délivrés aux intéressés, dans les formes ci-dessus prescrites.

Art. 24. — Les dépenses de toute nature nécessitées par la constatation et la constitution de la propriété indigène sont, dans chaque département, à la charge du budget des centimes additionnels des tribus.

---

(1) « Art 13. — Tout créancier ou tout prétendant un droit réel sur l'immeuble devra faire inscrire ou transcrire les titres au bureau des hypothèques de la situation des biens, avant la transcription du titre français. »

A partir du jour de cette transcription, la loi du 23 mars 1855 produira tous ses effets.

TITRE III

DISPOSITIONS TRANSITOÌRES (1)

Art. 25. — A partir de la promulgation de la présente loi, et jusqu'à la délivrance des titres provisoires énoncés à l'art. 17, toute transmission d'immeubles indigènes à des Européens devra être signifiée à l'administration des domaines, en vue de l'obstention ultérieure d'un titre français, après l'accomplissement des formalités suivantes.

Art. 26. — Indépendamment de la transcription à laquelle il est soumis par la loi du 23 mars 1855 et, s'il y a lieu, des purges prévues et ordonnées par le Code civil, tout tiers détenteur ou nouveau possesseur fera insérer à ses frais, deux fois au moins et à un mois d'intervalle, extrait de son contrat en français et en arabe dans le *Mobacher* et dans les journaux de l'arrondissement, ou, à défaut, du département où se trouveront situés les biens acquis.

L'acquéreur transmettra un pareil extrait au procureur de la République dudit arrondissement, lequel en fera opérer le dépôt, comme il est dit en l'art 13, dans les mêmes conditions de publicité et aux mêmes fins.

Art. 27. — Dans le délai de trois mois à partir de l'avis public du dépôt, toute personne ayant à revendiquer tout ou partie de la propriété vendue, ayant, d'après le droit musulman, un droit réel sur l'immeuble, ou prétendant l'un des droits énoncés en l'art. 2 de la loi du 23 mars 1855, tout vendeur ou acquéreur à réméré sera tenu de former sa réclamation entre les mains de l'un des dépositaires de l'extrait du contrat de vente lequel inscrira cette réclamation, à la date même où elle sera faite, sur le registre à ce destiné.

Art. 28. — Avis de la réclamation est donné, sans délai, au procureur de la République, qui le porte à la connaissance des parties intéressées, au domicile indiqué dans l'extrait publié.

Art. 29. — Dans le cas où les droits révélés, ainsi qu'il vient d'être dit, affecteraient, non le prix mais les conditions mêmes du contrat, et où ils seraient reconnus fondés par le vendeur, l'acquéreur aura la faculté, soit de persister dans son acquisition, en demeurant soumis aux charges et conditions qui se sont manifestées, soit d'y renoncer, sauf son recours contre le vendeur pour les frais et loyaux coûts exposés et tous dommages-intérêts, s'il y a lieu.

Si au contraire, les droits qui se sont revélés sont contestés par le vendeur, celui-ci sera tenu d'introduire dans le délai d'un mois, l'instance destinée à purger l'immeuble, à peine de résiliation de la vente le tout à ses risques et périls.

---

(1) Le titre II du projet de procédure portait ce titre :

Dispositions transitoires de la transmission des biens melk entre indigènes et Européens antérieurement à la délivrance des titres français

L'art. 14 correspondant à l'art. 25 de la loi était ainsi conçu :

A partir de la promulgation de la présente loi et jusqu'à la délivrance des titres français, toute transmission d'immeubles indigènes à des Européens devra être faite par devant notaire et signifiée à l'administration des domaines, en vue de l'obtention ultérieure d'un titre français, après l'accomplissement des formalités suivantes :

Art. 30. — Si aucune réclamation ou revendication ne s'est produite dans le délai prescrit à l'art. 27, les réclamations et revendications ultérieures n'ouvriront plus au prétendant droit qu'une action sur le prix, s'il n'a pas été payé, et s'il a été payé, qu'une action directe et personnelle contre le vendeur.

Dans ce cas, le procureur de la République délivrera à l'acquéreur, sur sa demande, un certificat négatif sur papier libre.

Au vu de ce certificat, le service des domaines délivrera le titre français, lequel, enregistré par duplicata et mentionné en marge de la transcription de l'acte de vente notarié, formera le point de départ unique de la propriété, à l'exclusion de tous droits antérieurs.

Le contrat de vente notarié demeurera annexé au titre français.

Art. 31. — La présente loi ne sera provisoirement appliquée qu'à la région du Tell algérien délimitée au plan annexé au décret du 20 février 1873, sur les circonscriptions cantonales.

En dehors du Tell, des décrets spéciaux détermineront successivement les territoires où elle deviendra exécutoire.

Art. 32. — Sont abrogées toutes les dispositions antérieures contraires à la présente loi.

RAPPORT

FAIT AU NOM DE LA COMMISSION (1) CHARGÉE D'EXAMINER : 1° LE PROJET DE LOI RELATIF *à l'établissement et à la conservation de la propriété en Algérie, ainsi qu'à la transmission contractuelle des immeubles et droits immobiliers ;* 2° LE PROJET DE LOI DE PROCÉDURE *sur les mêmes matières,*

Par M. WARNIER (Alger),

Membre de l'Assemblée nationale

Messieurs,

A la date du 29 janvier 1872, vous avez été saisis par M. le ministre de l'intérieur, d'un premier projet de loi, en six articles, relatif *à l'établissement et à la conservation de la propriété en Algérie, ainsi qu'à la transmission contractuelle des immeubles et des droits immobiliers*, et, à la date du 27 mars suivant, d'un second projet, en trente et un articles, dit *loi de procédure*, destiné à fixer les règles d'après lesquelles la loi de principe serait appliquée. Ces deux projets, renvoyés à l'examen d'une même Commission, ont été fondus par elle en un texte unique.

Vous en comprendrez les raisons. Chez les indigènes de l'Algérie, la propriété privée et individuelle est autant à créer qu'à soumettre à un régime légal uniforme, et il importait, en fixant les principes généraux qui doivent désormais régir les rapports de l'homme avec le sol, de régler simultanément leurs moyens d'application et d'exécution.

En s'imposant l'obligation de respecter religieusement les droits acquis de toutes sortes qui découlent de la situation faite jusqu'à ce jour, votre Commission, ainsi que vous pouvez vous en convaincre, a augmenté les difficultés de sa tâche. Elle pense que le simple exposé de l'état dans lequel se trouve le sol de notre belle et grande colonie démontrera pour tous la nécessité et l'urgence de la loi nouvelle.

I

Quand, il y a douze siècles, le nord de l'Afrique fut conquis par les Arabes sur les Berbères, les envahisseurs donnèrent à la péninsule atlantique, dont l'Algérie moderne occupe le centre, le nom significatif de *El-Khadra* (la verdoyante). Cette terre qui avait été le grenier de Rome présentait l'aspect d'un immense jardin, divisé à l'infini, couvert d'arbres fruitiers, arrosé par des eaux abondantes qui en entretenaient la luxuriante verdure.

---

(1) Cette Commission était composée de MM. Warnier (Alger), *président;* Lambert (Alexis), *secrétaire;* Patissier, Malens, Jacques, Vinglain, Colas, Vuillermoz, Jocteur-Monrozier, Humbert, Javal, Lucet, Ducuing, le duc d'Aumale, le comte d'Harcourt.

Aujourd'hui encore, après tant de siècles écoulés, tant de révolutions et de guerres intestines, il est facile de se rendre compte de ce qu'était l'Algérie avant l'invasion islamique. Les portions de territoire restées aux mains des descendants des colons de Rome en témoignent.

C'est sur le principe de la propriété privée, et presque toujours individuelle, que la société berbère est constituée. Ce principe fécond a, en Afrique, comme partout ailleurs, porté ses fruits. Le sol occupé par le Berbère est entre ses mains une véritable propriété, dans le sens exact que nous donnons à ce mot en France. Chaque fonds de terre, généralement possédé par un seul, avec jouissance exclusive qui écarte jusqu'à la pensée d'un partage de fruits entre le propriétaire et une communauté quelconque, transmis par le père à ses enfants, délimité d'une manière fixe et certaine, pouvant être l'objet de contrats de louage, d'échange, d'hypothèque et de vente, chaque fonds de terre est cultivé avec ces soins industrieux que l'homme dans tous les âges, dans tous les climats, apporte à la conservation et à l'amélioration d'un bien dont il se sent propriétaire incommutable.

Chez les Arabes, au contraire, la jouissance en commun de la terre et de ses fruits, son occupation temporaire et incertaine, la possession collective et indivise d'un territoire par tous les membres de la tribu, possession considérée comme un droit supérieur à toute appropriation individuelle, tel est le caractère général de la propriété. Aussi, des friches improductives, des broussailles rabougries, de vastes espaces livrés aux troupeaux, quelques rares champs d'orge et de blé, occupant à peine la dixième partie du sol cultivable, ont remplacé ces récoltes célèbres sur lesquelles les Césars comptaient pour nourrir les sujets de Rome.

Ainsi, tandis que la terre, divisée en propriétés individuelles dans les tribus berbères, rappelle par ses productions les domaines les mieux cultivés et les plus riches de l'Europe méridionale, le sol tombé dans le communisme arabe prépare l'observateur au spectacle désolé des déserts de l'intérieur de l'Afrique.

Malheureusement, la superficie tellienne, celle à laquelle s'applique plus spécialement le projet de loi soumis à vos délibérations, et qui embrasse de quatorze à seize millions d'hectares, en général cultivables, mais dont il faut retrancher les parties rocheuses ou sablonneuses, les steppes et les lits des torrents, est très inégalement répartie entre les deux grandes races qui peuplent l'Algérie.

Trois millions d'hectares susceptibles de donner des produits représentent seulement le contingent de la propriété individuelle des *Berbères berbérisants*, les seuls qui aient conservé une sorte d'indépendance jusqu'à la conquête française, bien que le chiffre de leur population, tant dans le Tell que dans le Sahara, soit d'un million d'âmes environ.

Onze millions d'hectares appartiennent en commun aux *Arabes* et aux *Berbères arabisés*, dont la population dépasse à peine celle du premier groupe.

C'est dans le double but de rendre à toute l'Algérie son ancienne puissance productive, par une meilleure assiette de la propriété, et de faire cesser l'inégale répartition du sol entre ses habitants actuels et ceux que l'émigration française ou européenne pourra y amener, que le Gouvernement demande à l'Assemblée nationale une loi qui, constituant la propriété privée et individuelle dans les territoires où elle n'existe pas, la place, sans distinction comme sans réserve, sous la protection de la législation française.

II

Déjà, en 1844, en 1851 et en 1863, le Gouvernement a réclamé des grands pouvoirs de l'État la solution du problème de la propriété en Algérie, dans ses rapports avec les besoins de l'indigénat et de la colonisation.

L'ordonnance royale du 1ᵉʳ octobre 1844 atteste l'ignorance générale où l'on était, après quatorze années d'occupation, sur la nature et la valeur réelle du droit des indigènes à la possession du sol de la colonie. Il n'en pouvait être autrement, car vingt-huit années d'études et de recherches ultérieures ont à peine suffi à éclairer la question.

L'ordonnance de 1844 statue :

Titre 1er : sur les *acquisitions d'immeubles*, en vue de régulariser les opérations antérieures de la spéculation ;

Titre II : sur le *rachat des rentes perpétuelles* stipulées dans les contrats ;

Titre III : sur les *prohibitions d'acquérir ou de former des établissements* au delà de quelques zones restreintes aux territoires alors civils ;

Titre IV : sur l'*expropriation et l'occupation temporaire pour cause d'utilité publique* des points nécessaires aux campements militaires ;

Titre V : sur les *terres incultes* qu'on voulait soumettre à un impôt spécial, en vue d'obliger à la culture ;

Titre VI : sur les *marais* qu'il importait de dessécher pour les assainir.

L'énumération des Titres de cette ordonnance établit qu'on s'est volontairement abstenu de statuer sur le fond et qu'on s'est borné à résoudre quelques difficultés surgies dès les premiers achats de propriétés aux indigènes.

La loi du 16 juin 1851 a été l'objet d'une longue et multiple élaboration. Son étude, commencée au sein du Comité consultatif de l'Algérie près le ministère de la guerre, aboutit à un projet de loi adopté par le Gouvernement le 13 mai 1850.

Soumis au Conseil d'État et amendé par lui, ce projet était adressé à l'Assemblée nationale le 24 mars 1851. Parallèlement, la Commission de cette Assemblée chargée de préparer les lois spéciales auxquelles l'Algérie devait être soumise, conformément à la Constitution alors en vigueur, avait, de son côté, déposé un projet de loi sur la même matière. Le premier, celui du Gouvernement, dotait l'Algérie d'un régime spécial en dehors du droit commun ; le second, celui de la Commission de l'Assemblée nationale, inaugurait le régime de l'assimilation foncière de l'Algérie à la France. Une transaction fut demandée et acceptée. L'introduction dans la loi, de l'esprit d'extrême réserve, qui a toujours animé le Gouvernement à l'égard des indigènes, est cause qu'aujourd'hui, après vingt-deux années perdues sans que la question territoriale ait pu être résolue, nous sommes forcés de revenir au principe qui avait prévalu au sein de la Commission parlementaire de 1850.

Les articles principaux de cette loi reconnaissent, tels qu'ils existaient au moment de la conquête, les droits de propriété et de jouissance des indigènes. Pour la transmission des biens, elle se borne au *statu quo :* « Entre Musulmans, elle sera régie par la loi musulmane, et entre toutes autres personnes, par la loi française. »

On ne définit pas les droits de propriété et de jouissance reconnus, parce qu'on ne sait pas en quoi ils consistent ; on n'indique pas où on pourra trouver la loi protectrice des droits reconnus aux indigènes, parce que s'il existe de nombreux exposés d'opinions de jurisconsultes sur la matière, on ne veut pas violenter la conscience des magistrats musulmans, en imposant à la formule de leurs décisions un guide plutôt qu'un autre. On soupçonne si bien les dangers de la situation créée, qu'on interdit toute aliénation sur le territoire d'une tribu au profit de personnes qui y sont étrangères.

Une loi, basée sur de telles inconnues et de telles réserves, ne pouvait répondre au but qu'on en attendait ; aussi des réclamations surgirent-elles de toutes parts. Pour les faire cesser et, aussi dans des vues politiques dont nous n'avons pas à nous occuper, l'empereur écrivait, le 5 février 1863, au maréchal duc de Malakoff, gouverneur de l'Algérie : « J'ai chargé le maréchal Randon de préparer un projet de sénatus-consulte, dont *l'article principal* sera de *rendre les tribus propriétaires incommutables des territoires qu'elles occupent à demeure fixe et dont elles ont la jouissance traditionnelle, à quelque titre que ce soit.* »

L'empereur espérait que la reconnaissance des territoires des tribus et leur division par *douars* (1), en dégageant les biens *melk* des biens *beylick* (2), des communaux et des terres *arch*, permettrait aux indigènes, jusqu'à la constitution de la propriété individuelle, malheureusement renvoyée à plus tard, de vendre aux Européens quelques-unes de leurs terres en excédant de leurs besoins, car il ajoutait : « de la multiplicité des transactions entre les indigènes et les colons, naîtront des rapports journaliers plus efficaces, pour les amener à la civilisation, que toutes les mesures coërcitives. »

Le Gouvernement et le Sénat partagèrent cette illusion et l'administration algérienne soutint, tout d'abord, cette prétention erronée.

L'expérience ne tarda pas à démontrer que l'application du sénatus-consulte du 22 avril 1863, réduite à la délimitation des tribus et des *douars*, ne permettait pas de nombreuses transactions entre les indigènes et les colons.

Voici, par années, le relevé des transactions de terrains ruraux, depuis la promulgation du sénatus-consulte :

Années :	Ventes par des indigènes à des Européens	Ventes par des Européens à des indigènes
1863	123 h. 97 a. 17 c.	3,762 h. 42 a. 40 c.
1864	1,766 76 14	1,733 38 22
1865	1,338 30 30	236 44 51
1866	1,104 31 59	1,242 01 38
1867	4,513 66 20	1,307 03 92
1868	28,183 68 96	523 07 28
1869	2,797 29 39	810 76 82
1870	4,354 43 45	840 14 43
1871	7,822 72 81	865 23 98
Totaux	52,005 h. 16 a. 01 c.	11,320 h. 52 a. 94 c.

Du chiffre total des ventes consenties par des indigènes à des Européens, il y a à défalquer, dans les années 1867-1868, des ventes à réméré s'élevant à 21,152 hectares. Reste comme chiffre des acquisitions définitives 30,852 hectares 15 ares 91 centiares.

La différence au profit de la colonisation est de 19,532 h. 66 a. 99 c. ; soit année moyenne : 2,170 h. 29 a. 22 c. ; environ la superficie nécessaire à l'établissement d'un village.

Le résultat le plus net de la libéralité impériale a été de déposséder l'État de ses droits sur la partie la plus importante du sol algérien, au grand détriment de la colonisation, sans modifier en quoi que ce soit la situation de l'indigénat en matière de propriété.

Les droits de l'État étaient considérables, car, au moment de notre conquête, le souverain dépossédé avait en son pouvoir, indépendamment du domaine de l'État proprement dit, un droit supérieur de libre disposition :

1º Sur les biens de la communauté musulmane ;

---

(1) *Douar*, ordinairement une agglomération de tentes disposées en rond : *(li dourou*, ceux qui entourent).

Dans le texte du sénatus-consulte de 1863, le *douar* a été, par erreur, considéré comme constituant une fraction de tribu. C'est le mot *ferka* (fraction) qui aurait dû être employé, car la fraction de tribu ne comprend pas qu'un *douar*, mais souvent de nombreux *douars*.

(2) *Beylick*, gouvernement d'un bey. Par extension, la circonscription territoriale sur laquelle le bey exerce son autorité. Les *biens beylicks* sont ceux réservés à l'usage du bey et de son gouvernement dans la circonscription territoriale du beylick.

2ᵉ Sur les territoires *arch* par lui ou par ses prédécesseurs affectés aux besoins des *tribus*;

3ᵉ Sur les terres *melk* affectées par ses devanciers ou par lui-même aux besoins des familles dont l'appui lui était nécessaire (1).

---

(1) La régence turque de l'Algérie comprenait 40 millions d'hectares, savoir : 14 millions dans le Tell, 26 millions dans le Sahara.

Dans le Tell :

1,500,000 hect. constituant le domaine propre à l'État, au titre de biens du beylick, sous les noms suivants :

Azel (réserves) loués à prix d'argent ou affectés à des services publics ;

Touizza (corvées, prestations) terres cultivées dans chaque tribu, au moyen de corvées de chaque cultivateur, les unes au profit de l'État, les autres au profit du caïd et de l'agha ;

Maghzen (territoires militaires) sur lesquels vivaient, avec leurs familles et celles de leurs serviteurs, les corps de cavalerie irrégulière connus sous le nom de *maghzen ;*

Bled el Matmora (terres de silos) comprenant, avec les silos ou matmores où l'on conservait les grains de l'impôt dit *achour* (dîme), les terres de culture et de pacage des familles chargées de la garde des silos ;

Kenak (étapes) points réservés sur les routes et chemins de grande communication pour le campement des troupes régulières et irrégulières, avec les pacages nécessaires à la nourriture des animaux accompagnant chaque colonne expéditionnaire ;

Azib et *Akedal* (prairies ou pacages) affectés à la dépaissance des animaux appartenant à chaque *beylick* et notamment du bétail provenant de l'impôt.

3,000,000 hect. comprenant les *forêts*, les *landes*, les *steppes*, les *parcours généraux d'alfa*, les *broussailles*, les *rochers*, les *lits de rivière* ou *de torrents*, les *ravins*, étaient réputés biens de la communauté musulmane *(Bled-el-Islam)*, parce qu'ils n'avaient été l'objet d'aucune attribution individuelle, familiale ou collective.

5,000,000 hect. dits *arch*, étaient affectés aux tribus, à titre de jouissance collective.

3,000,000 hect. *melk* d'origine ou de tradition romaine, pouvaient être réputés constituer des propriétés privées, individuelles.

1,500,000 hect. *melk* d'origine musulmane, n'étaient que des attributions familiales sur lesquelles un droit supérieur de revendication était réservé au souverain.

Dans le Sahara :

3,000,000 hect. *oasis* ou *kesour*, conquis par le travail de l'homme sur l'inculture, étaient des propriétés privées, conformément au droit musulman, à titre de *terres mortes vivifiées ;*

23,000,000 hect. *terres de parcours généraux*, notamment les cantons *d'alfa* étaient classés parmi les biens de la communauté musulmane, faute de vivification ou d'attribution individuelle ou collective.

40,000,000 hect.

Quoique l'art. 5 du sénatus-consulte de 1863 réserve le domaine de l'État tel qu'il était défini par la loi du 16 juin 1851, les indigènes, soit locataires, soit prestataires, soit tenanciers à charge de fonctions ou de services supprimés, soit simples gardiens de tout ou partie de ce domaine, en ont été déclarés propriétaires par application de l'art. 1er de ce sénatus-consulte, chaque fois qu'ils ont pu prouver en avoir la jouissance permanente et traditionnelle. L'expression : « *jouissance à quelque titre que ce soit,* » a reçu son application rigoureuse, malgré la réserve non moins obligatoire de l'art. 5.

Les errements de l'époque, favorables à la création d'un royaume arabe, à l'exclusion sinon avouée, du moins tacite, de la colonisation française, conduisaient à faire la plus grosse part possible à l'indigénat.

Au fond, tant que la propriété individuelle n'était pas constituée — et elle ne l'a été dans aucune tribu en exécution du sénatus-consulte de 1863 (1) — rien n'était changé dans la situation des indigènes qu'on déclarait propriétaires collec-

---

À l'exception de 3 millions d'hectares possédés par les Kabyles indépendants à titre de propriétés individuelles acquises ou conservées depuis l'époque romaine et de 3 millions d'hectares possédés également privativement par les Oasiens et les Ksouriens, à titre de terres mortes vivifiées, le pacha d'Alger disposait, en 1830, d'un droit à peu près incontestable et incontesté sur le restant du sol algérien. Par le sénatus-consulte de 1863, l'empereur a renoncé à tous ces droits en les qualifiant de « surannés. »

(1) Sous le régime antérieur à 1863, pendant lequel l'idée du cantonnement a prévalu, la propriété individuelle a été constituée dans trois tribus de la province d'Alger :

Chez les Ouled-Kosseïr, près d'Orléansville.....	34.156 h.	64 a.	15 c.	en 1860
— Abid-el-Fraïla, près Miliana..........	3.983	75	00	—
— Ouled-Bellil, près Aumale.........	4.841	95	35	(titres délivrés en 1866).
	42.982	34	50	

Depuis 1863, et par application du § 4 de l'art. 2 du sénatus-consulte du 22 avril des travaux préparatoires à l'établissement de la propriété individuelle ont été entrepris dans neuf tribus, mais n'ont pas été suivis d'exécution, savoir :

Province d'Alger.............	Bou-Hallouan. / Arib. / Ferouka. / Souhalia.
Province d'Oran.............	Ouled-Chaffàa. / Ouled-Mansour. / Hassasna.
Province de Constantine.....	Ouled-Atïa. / Souhalia.

Nota. — La propriété individuelle peut être réputée constituée chez les indigènes des territoires civils auxquels les dispositions de l'ordonnance du 21 juillet 1846, relative à la vérification des titres de la propriété rurale ont été appliqués, territoires qui embrassent l'ancien district d'Alger, les anciennes communes de Blida, d'Oran, de Mostaganem et de Bône.

tifs des territoires de leurs familles ou de leurs tribus. L'article 11 de la loi de 1851 reconnaissait leurs droits de propriété et de jouissance; le sénatus-consulte les confirmait et levait, en droit, si non en fait, dans son art. 6, la prohibition de vendre à des étrangers établie par la loi de 1851.

Un fait capital démontre cette vérité.

Quatre années après l'octroi des munificences territoriales de 1863, pendant l'hiver de 1867 à 1868, plus de cinq cent mille indigènes — soit le cinquième de la population totale — sont morts de faim et moitié des survivants a lutté contre les angoisses de la plus affreuse misère, sans pouvoir vendre une parcelle des quatorze millions d'hectares de terre qui leur avaient été dévolus en propriétés, sans pouvoir même les hypothéquer pour acheter les céréales qui eussent sauvé leur existence ou les eussent rendus à la santé.

En vain, la charité privée et publique a cherché à atténuer le mal; elle n'a pu que diminuer les pertes. Seuls, le commerce et le crédit pouvaient lutter contre le fléau. Ils ont offert leurs concours, mais sur quatorze millions d'hectares, représentant une richesse considérable, quelques parcelles à peine pouvaient être données en gage contre la livraison d'un petit nombre de charges de blé. L'état de communisme agraire, systématiquement maintenu par les exécuteurs du sénatus-consulte, s'y opposait de la manière la plus insurmontable.

Ce grand acte législatif, malgré la prétention de son auteur et les illusions de ses promoteurs, n'a donc été qu'une lettre stérile. Une nouvelle loi, plus conforme aux intérêts généraux de l'Algérie, doit créer dans le pays la véritable propriété.

Voici, en chiffres, quels sont les résultats de l'application du sénatus-consulte de 1863.

Le territoire auquel l'acte sénatorial devait s'appliquer comprenait 14,617,667 hectares et une population de 2,876,472 âmes (1).

Les indigènes musulmans, au nombre total de 2,609,544 âmes, habitant ce territoire, étaient répartis en 723 tribus.

Ont été délimités, en exécution des premiers paragraphes de l'art. 2, les territoires de 402 tribus, comptant 1,106,157 habitants et comprenant 6,973,459 hectares.

Les territoires de ces 402 tribus ont été divisés en 732 *douars-communes*, et les limites de ces 732 *douars-communes* ont été déterminées, en exécution du § 3 du susdit article.

---

(1) Populations et territoires sont ainsi répartis :

	Population	Territoire
Communes françaises de plein exercice......	567.951	1.278.008
—　　mixtes (partie française, partie indigène).....................	16.519	48.179
Tribus soumises aux opérations du sénatus-consulte....................·...........	1.106.157	6.973.459
—　restant à soumettre à ces opérations..	1.245.845	6.318.021
Total..............	2.876.472	14.617.667

Ces chiffres sont ceux fournis par le recensement de 1866. Ils doivent être diminués d'un cinquième si l'on tient compte des pertes de la famine de 1867-1868 et de celles dues à la guerre en 1870 et à l'insurrection de 1871. — Les résultats du recensement général opéré en 1872, connu depuis le dépôt de ce rapport (5 avril 1873) nous apprennent que la population musulmane de l'Algérie est réduite de 2,652,072 âmes à 2,123,045, avec une perte totale de 529,027 âmes en six années.

Reste à reconnaître les limites de 321 tribus, dont la population est de 1,245,845 âmes, répartie sur des territoires dont la superficie est estimée approximativement à 6,318,021 hectares et à diviser ces 321 tribus en tel nombre de *douars* qu'on jugera utile, par la fixation, à chacun d'eux, de ses limites propres.

Mais, ce ne sont là que des opérations préparatoires à la constitution de la propriété individuelle et terminées sur la moitié du territoire seulement, opérations laissant les tribus dans la jouissance collective reconnue par l'art. 11 de la loi de 1851, et n'ayant actuellement d'autre mérite pratique, pour les indigènes, que d'avoir fixé, d'une manière plus précise, les limites de leur jouissance collective, et pour les colons comme pour nous, législateurs, de connaître plus exactement la répartition générale du sol entre ses divers habitants.

Cette répartition est d'un grand enseignement :

Plus du tiers des tribus, 142 vivent sur une superficie moyenne, peu différente de celle dévolue à la colonisation, de 1 à 4 hectares par tête ;

Un second tiers, 143 tribus, dispose d'une superficie double, entre 4 et 8 hectares par tête ;

Un groupe de 87 tribus possède de 8 à 16 hectares :

Enfin, 30 tribus ont de 16 à 185 hectares par tête (1).

---

(1) Voici, d'après les états statistiques mis à la disposition de la Commission, le relevé de la répartition du sol entre les 402 tribus dont la possession territoriale a été reconnue.

3 tribus possèdent par âme	moins de	1 hectare
22 —	— de	1 à 2 —
52 —	—	2 à 3 —
65 —	—	3 à 4 —
51 —	—	4 à 5 —
43 —	—	5 à 6 —
16 —	—	6 à 7 —
33 —	—	7 à 8 —
17 —	—	8 à 9 —
9 —	—	9 à 10 —
15 —	—	10 à 11 —
9 —	—	11 à 12 —
15 —	—	12 à 13 —
12 —	—	13 à 14 —
7 —	—	14 à 15 —
3 —	—	15 à 16 —
3 —	—	16 à 17 —
1 —	—	17 à 18 —
2 —	—	18 à 19 —
5 —	—	19 à 20 —
3 —	—	20 à 21 —
2 —	—	23 à 24 —
3 —	—	24 à 25 —
1 —	—	26 à 27 —
1 —	—	30 à 31 —
1 —	—	32 à 33 —
1 —	—	37 à 38 —
1 —	—	38 à 39 —
1 —	—	53 à 54 —
1 —	—	56 à 57 —
1 —	—	82 à 83 —
1 —	—	98 à 99 —
1 —	—	118 à 119 —
1 —	—	184 à 185 —

Les rapports de la population avec la superficie des territoires restant à

Il est de la dernière évidence que les quatre tribus dans lesquelles chaque famille de cinq personne se trouve en présence de 500 ou 1,000 hectares à féconder — la superficie de quelques communes en France — sont fatalement condamnées à laisser leurs terres improductives.

Il y a donc urgence à adopter des dispositions législatives qui permettent de faire emploi de ces terres, en les rendant à la production des *terres vives*, suivant l'expression des jurisconsultes musulmans.

Les territoires des communes françaises de plein exercice nous montrent les indigènes mélangés, en proportions à peu près égales, sur des superficies très restreintes :

1 hectare 80 par tête, dans le département d'Alger ;
2 hectares 64, dans le département d'Oran ;
3 hectares 25, dans le département de Constantine.
La moyenne générale est de 2 hectares 56 (1).

Pour avoir la même densité moyenne de population sur les 14,617,667 hectares du Tell, il faudrait, déduction faite des non-valeurs territoriales, introduire plus de trois millions d'émigrants. La population totale de l'Algérie, sous la domination romaine, a dû être de 10 millions d'âmes. Du moins, on est autorisé à le conclure des nombreuses ruines de villes jusqu'à la limite de la région des oasis, bien au delà du Tell actuel.

Nous devons constater un fait très consolant pour l'œuvre de colonisation que nous poursuivons en Algérie : les indigènes des territoires des communes françaises sont ceux chez lesquels règne le plus d'aisance. La famine de l'hiver 1867-1868 ne les a pas atteints, alors que leurs coreligionnaires des territoires des tribus ont été décimés dans une proportion effrayante.

Nous devons ajouter, pour tenir compte de tous les faits constatés pendant la période calamiteuse de la famine, que les pertes ont été en raison directe de l'espace dévolu aux territoires des tribus : nulles ou à près, dans celles qui ont moins de 4 hectares par tête, elles ont été énormes dans toutes celles qui dépassent ce chiffre moyen. Cela devait être, car plus les populations sont resserrées, plus elles sont laborieuses, économes et prévoyantes. Ce devait être aussi, parce que généralement les populations se sont condensées sur les territoires les plus fertiles et parce que les terres sèches, celles où l'indigène dispose de plus grandes étendues, ne peuvent donner des récoltes certaines qu'au moyen de labours profonds, impossibles avec l'araire en usage dans les tribus.

---

soumettre aux opérations du sénatus-consulte indiquent que la proportionnalité d'attribution sera à peu près la même. Beaucoup trop aux populations paresseuses ; trop peu aux populations laborieuses.

(1) *Densité* (en 1866) *de la population dans les communes françaises de plein exercice.*

	Superficie territoriale	Habitants :	
		Européens	Musulmans
Département d'Alger...............	360.479 hect.	107.172	92.596
— d'Oran................	372.100	88.545	52.382
— de Constantine.........	545.432	67.490	99.766
	1.278.011 hect.	263.207	245.744
		507.951	

III

L'*exposé des motifs* du projet de loi du Gouvernement débute en affirmant que
« ce n'est pas sans de *graves raisons* que la France a jusqu'ici procédé avec de
grands ménagements envers la société arabe. » En effet, si le législateur de 1851
a transigé avec les principes fondamentaux de nos codes, c'est qu'il a été con-
vaincu de la nécessité des ménagements proposés par le Gouvernement et par
le Conseil d'État. Nous aimons à croire que si, en 1863, l'empereur a abandonné
à l'indigénat la propriété de presque tout le sol algérien, c'est que lui aussi n'a
pas cru que le législateur de 1851 eût été assez libéral.

Votre Commission, Messieurs, n'a pas été moins respectueuse des droits légitimes des indigènes ; aussi, avant tout examen du projet de loi soumis à votre
approbation, a-t-elle cherché à se rendre un compte, aussi exact que possible,
de la nature, du caractère et de l'étendue de ces droits au moment où la conquête nous livra la ville d'Alger, le 5 juillet 1830.

De témoignages irrécusables, il résulte qu'en Algérie, comme dans la plupart
des États musulmans, le souverain avait, partout où son autorité était reconnue
et était attestée par le payement de l'impôt, un droit supérieur de libre disposition sur la presque totalité du sol. (Voir la note ci-dessus p. xvii, la note indiquant comment la possession se trouvait répartie en 1830) et que les attributions
individuelles ou collectives qu'il avait pu consentir ou ratifier n'engageaient pas
son successeur ; que ce fait de libre disposition du sol est attesté par les titres
de possession les plus authentiques qui tous sont revêtus du sceau de la succession des beys, gouverneurs des provinces, jusqu'au moment de la conquête, sauf
ceux qui constatent des aliénations régulières, à prix d'argent, de la part du
Beit-el-Mâl ou domaine turc, et qui n'étaient pas soumis à l'obligation de leur
confirmation par les princes régnants.

L'un des membres de la Commission, M. le duc d'Aumale, qui avant 1848,
a été successivement commandant supérieur de la subdivision de Médéa (ancien
beylik du Titery), de la province de Constantine et gouverneur général de l'Algérie, affirme avoir été sollicité à apposer son cachet, à la suite de ceux des
beys ses prédécesseurs, sur les titres territoriaux de quelques-uns de ses admi-
nistrés. Évidemment, cette apposition de cachet n'était sollicitée qu'en vue de
garantir la propriété contre toute revendication de la part du gouvernement
français, non en vertu du droit de conquête, mais à raison de ce droit supérieur
que la législation musulmane confère au souverain de dispenser à son gré les
attributions du sol. Avant 1848, les indigènes ne soupçonnaient pas l'étendue
des ménagements que nous, vainqueurs, nous pouvions avoir envers leurs prétendus droits à la possession du sol.

En compulsant les sommiers de consistance du domaine français, on constate
que les beys ont usé de ce droit de libre revendication jusqu'en 1830 et que,
même après la prise d'Alger, l'émir Abd-el-Kader, dans les provinces d'Oran et
d'Alger, et le bey Akhmed, dans la province de Constantine, en ont largement
usé. Dans la nomenclature des immeubles devenus domaniaux, on trouve des
maisons, des jardins, des parcelles, de grandes terres, même des territoires de
tribus, presque tous inscrits sous le nom de leurs anciens détenteurs et la tradition, parmi les indigènes, a conservé l'histoire des circonstances qui ont motivé ces revendications.

Dès les premiers jours de la conquête, les représentants de l'autorité française
en Algérie ont reconnu les indigènes légitimes propriétaires du sol sur lequel
ils vivaient. En toute occasion et sans hésitation, en 1830, comme en 1844, en
1851, en 1863 et en 1873, la France a toujours affirmé leurs droits, même au détriment des sages réserves qui auraient dû être faites au profit de la colonisation
européenne.

Votre Commission, Messieurs, fidèle aux traditions d'honneur de notre pays, s'est inspirée des mêmes sentiments généreux qui avaient animé les législateurs ses devanciers. Plus scrupuleuse encore, elle s'est demandé si la capitulation d'Alger, si les *amâns* (1) successifs accordés par les généraux de l'armée d'Afrique aux tribus belligérantes ou révoltées, si le sénatus-consulte du 14 juillet 1865 qui déclare Français les Musulmans de l'Algérie, en stipulant qu'ils continueront à être régis par la loi musulmane, ne constituaient pas un obstacle à la loi soumise à notre étude.

Voici les arguments qui ont engagé la Commission à vous demander la sanction du projet de loi du Gouvernement, sauf quelques modifications sans importance, quant au fond.

La capitulation d'Alger, considérée à tort comme s'appliquant virtuellement à l'Algérie entière, a été, *en fait* et *en droit*, annulée par le traité de la Tafna (1er juin 1837) qui reconnaît, explicitement, la souveraineté de l'émir Abd-el-Kader sur les provinces d'Alger et d'Oran et, implicitement, celle du bey Akhmed sur la province de Constantine. Au 15 juin 1837, date de la ratification de ce traité par le roi Louis-Philippe, les possessions françaises en Algérie étaient réduites aux limites de deux modestes cantons autour d'Oran et d'Alger, et, dans la province de Constantine, à l'enceinte des villes de Bougie et de Bône.

Nul n'oserait prétendre que les effets de la capitulation d'Alger pouvaient, au 15 juin 1837, obliger la France au delà des territoires dans lesquels sa souveraineté se trouvait restreinte. D'ailleurs, l'engagement pris à Alger par le général de Bourmont de respecter les propriétés, engagement qui n'avait pas besoin d'être écrit pour être tenu et qui a toujours été sacré pour tous ceux qui ont exercé le pouvoir en Algérie depuis 1830, n'implique pas que la France se soit interdite, dans l'intérêt des indigènes comme dans le sien, le droit de légiférer sur la propriété immobilière, surtout lorsqu'elle constate que la possession n'est pas la propriété.

La France a usé de ce droit en 1844, en 1851, en 1863, sans qu'il ait été contesté par les indigènes; elle en use, en 1873, pour réaliser une des promesses du sénatus-consulte de 1863 : « la constitution de la propriété individuelle. » Nous avons la certitude que la masse du peuple indigène applaudit à nos efforts comme le paysan français, sous notre première révolution, a été heureux de devenir propriétaire.

C'est plus que l'affranchissement que nous donnons à des *rayas*, en les rendant propriétaires à titre individuel, c'est presque l'anoblissement.

Les prétendus droits reconnus par les *amâns* accordés aux tribus par nos généraux, au moment de leur soumission, ne supportent pas plus la critique historique, que ceux résultant de la capitulation d'Alger.

Entre le 15 juin 1837, date de la ratification du traité de la Tafna, et le 27 décembre 1847, date de la soumission de l'émir Abd-el-Kader aux mains du général Lamoricière et de M. le duc d'Aumale, soumission qui a entraîné celle de toute l'Algérie à notre domination, les indigènes ont été des belligérants, défendant leurs foyers, une nationalité et une souveraineté reconnues par un traité solennel. A ce titre, nos généraux ont accordé et ont dû accorder aux tribus, au fur et à mesure de leur soumission, l'*amân* aux conditions de la capitulation d'Alger. Mais depuis 1847, les indigènes ne sont plus dans les mêmes conditions vis-à-vis de nous.

De 1847 à 1864, ils ont accepté la condition de *sujets* de la France. Pendant dix-sept années, l'Algérie a offert au monde le spectacle nouveau d'un grand pays musulman soumis, sans réserve apparente, à la domination d'une puissance chrétienne. La générosité de notre caractère national envers les vaincus n'avait pas été étrangère à ce résultat exceptionnel.

En 1863, l'empereur avait comblé la mesure de toutes les faveurs envers les

---

(1) *Amân*, capitulation.

indigènes, en proclamant leur pays « un royaume arabe » et en se désistant à leur profit, de ses droits de souveraineté sur le sol.

En 1865, il était allé plus loin encore, en déclarant *Français* les Musulmans de l'Algérie, tout en leur réservant le droit à être régis par la loi musulmane.

A cette sorte d'abdication des privilèges de la conquête, les indigènes ont répondu, d'abord, par l'incendie des forêts, sans craindre de brûler les récoltes et les propriétés des colons; puis, par la révolte contre une domination acceptée; enfin, par deux insurrections formidables, dont la leçon ne doit pas être perdue pour nous.

En 1864-1865, les contingents de l'armée d'Afrique étaient au Mexique; en 1870-1871, notre armée presque entière était prisonnière en Allemagne.

Dans les deux dernières insurrections de 1864 et de 1871, qui nous ont obligé à procéder pour ainsi dire à une seconde conquête de l'Algérie, les tribus, encore une fois vaincues par nos troupes, ont demandé l'*amán*. On le leur a accordé, non plus aux conditions de belligérants, mais avec la réserve expresse qu'elles se soumettraient à discrétion. Ce mode de soumission, qu'elles ont dû subir, abroge tous les *amáns* antérieurs.

Toutefois, notre conscience, aujourd'hui comme hier, nous impose le même respect de tous les droits légitimement acquis et constatés.

Le bénéfice de leur statut personnel, réservé aux Musulmans de l'Algérie, devenus Français par le sénatus-consulte du 14 juillet 1865, nous oblige-t-il davantage ? Nous ne pouvons le croire. L'idée dominante, dans toutes les traditions musulmanes, est la haine de l'étranger, du chrétien surtout. Pourrions-nous être tenus au respect d'errements qui recommandent la guerre sainte contre les infidèles, comme le premier des devoirs ? Poser la question, c'est la résoudre.

Malgré le fanatisme barbare d'une législation qui date de douze siècles, malgré la pensée anti-algérienne et anti-coloniale qui a dicté le sénatus-consulte de 1865 et a réservé à des sujets de la France le bénéfice d'une législation qui n'est pas celle des nationaux en matière de statut personnel, nous ne voulons pas devancer l'œuvre possible du temps; mais, nous distinguons entre le *statut réel* et le *statut personnel* des Musulmans de l'Algérie.

Nous respectons ce dernier, qui touche par divers points à la liberté de conscience, à la religion, à la vie intime de la famille ; mais nous considérons comme un devoir de retenir le statut réel, celui qui touche aux intérêts immobiliers, pour le soumettre à la loi française, aux principes fondamentaux de notre droit public partout où flotte le drapeau national.

L'art. 3 du Titre préliminaire de nos codes nous en fait une obligation :

« Les lois de police et de sûreté, dit-il, obligent tous ceux qui habitent le territoire. »

Et il ajoute :

« *Les immeubles, même ceux possédés par des étrangers, sont régis par la loi française.* »

Le paragraphe premier de cet article est appliqué depuis 1830 ; le second doit l'être également. Le retard apporté à son application ne s'explique que par la réserve extrême dont parle l'*exposé des motifs* du Gouvernement, et par la croyance erronée de l'existence d'une législation musulmane régissant la propriété, et contre laquelle la législation française pouvait se heurter.

Votre Commission a recherché avec scrupule ce que pouvait être la loi musulmane, devant laquelle le législateur de 1851 s'était incliné. Elle a reconnu : 1° que la prétendue loi musulmane sur la propriété n'était qu'une collection d'avis, d'opinions, de recommandations personnelles, variant suivant les temps ou les lieux, donnés par des savants sur les questions pouvant être l'objet de litiges ; 2° que les diverses solutions proposées, souvent opposées les unes aux autres, n'étaient pas obligatoires pour les magistrats chargés de rendre la justice, et que dans la pratique, les deux cents *cadis* de l'Algérie, institués par nous, étaient libres de puiser les inspirations de leurs sentences à une foule de sources différentes, suivant leur intérêt, leur caprice ou la confiance qu'ils avaient en tel ou tel guide; 3° enfin, ce que nous, Français, appelons *propriété*, n'est en réalité pour les Musulmans, qu'une *possession* de fait, basée le plus souvent sur l'occupation ou sur la simple jouissance.

Après cette constatation, nous ne pouvions, — le but de notre loi étant de constituer la véritable propriété telle qu'elle est définie par nos codes, — hésiter à donner à la transformation de la possession collective en propriété individuelle, la seule législation possible : *celle de la France*.

IV

Le projet de loi présenté par le Gouvernement, amendé par la Commission, est simple.

On peut le résumer en quelques mots :

Soumettre la propriété foncière en Algérie à une législation qui la régisse d'une manière uniforme : la législation française de préférence à toute autre ;

Constituer partout la propriété individuelle, afin que la loi édictée puisse être appliquée et produire ses effets;

Tracer des règles d'exécution dégagées de toute complication inutile, mais protectrices de tous les droits légitimes, pour que l'affranchissement du sol s'opère facilement et promptement;

Édicter des mesures transitoires, afin que les transactions immobilières entre indigènes et Européens ne soient pas suspendues en attendant la délivrance d'un nouveau titre français.

Le projet de votre Commission, Messieurs, respecte l'économie et les principes fondamentaux du projet du Gouvernement, mais il les modifie en des points importants.

Le projet du Gouvernement conserve la distinction du sol algérien en territoires *arch* et en territoires *melk*, et introduit, dans une loi française, deux mots arabes dont nous ne connaissons pas la signification vraie et surtout la valeur juridique. Nous faisons disparaître ces deux mots étrangers à notre langue, non pas seulement pour éviter l'écueil d'une interprétation difficile, mais pour nous conformer au texte même du § Ier de l'art. 1er du sénatus-consulte du 22 avril 1863, ainsi conçu :

« Les tribus de l'Algérie sont déclarées *propriétaires* des territoires dont elles ont la jouissance permanente et traditionnelle, à quelque titre que ce soit. »

En vertu de ce texte, très explicite, il n'y a plus en Algérie des possesseurs au titre *melk* et au titre *arch*, mais uniquement des *propriétaires*, quoique l'attribution de la propriété ne soit, le plus souvent, que collective.

Ainsi disparaît un des Titres du projet du Gouvernement, au grand avantage de la simplification de la loi. Au dualisme des mots *melk* et *arch*, nous substituons l'appellation générique du mot *propriété*, dont la définition, dans notre droit public, ne peut donner lieu à aucune erreur, en y adaptant, suivant le cas, l'un des deux modes de possession exprimés par les termes : *privée* ou *collective*.

Le projet du Gouvernement est amendé par la Commission sur plusieurs points d'exécution très important.

Le Gouvernement défère aux magistrats de l'ordre judiciaire le soin de la constatation de la propriété *melk* et ne réserve à l'action administrative que l'établissement de la propriété en territoire *arch*. La Commission, — quoiqu'elle ne confonde pas la propriété privée, même celle du *melk* possédé indivisément par plusieurs, avec la possession collective des *arch*, — n'admet pas cette distinction. Elle en donne les motifs ci-dessus.

En Algérie, depuis le sénatus-consulte du 22 avril 1863, les tribus sont propriétaires de leurs territoires, au même titre et sans aucune distinction entre les *arch* et les *melk*, sauf réserve, bien entendu, des droits de tous ceux qui possèdent privativement, en vertu de titres réguliers dûment constatés.

La propriété privée étant à constituer là où elle n'existe pas, la Commission avait à faire un choix entre la voie judiciaire et la voie administrative. A l'unanimité, après avoir recherché quels étaient les précédents en pareille matière, elle s'est prononcée pour le dernier mode.

Voici quels sont ces précédents, en Algérie et en France :

En Algérie, de 1830 à 1844, les transactions immobilières avaient été libres entre les indigènes et colons, et ces transactions avaient donné lieu à autant de procès qu'il y avait eu de propriétés acquises. L'ordonnance royale du 1er octobre 1844 avait laissé aux tribunaux ordinaires le soin de statuer sur les litiges, les *melk* alors achetés étant réputés *propriétés privées* sérieusement constituées. On reconnut bientôt l'impuissance de la voie judiciaire, et, par une ordonnance du 21 juillet 1846, on dut tranférer à la juridiction administrative le soin de statuer sus ces litiges.

« Les tribunaux, dit *l'exposé des motifs* de cette ordonnance, les tribunaux, qui ont déjà tant de peine à remplir leur tâche ordinaire, ne pourraient suffire à ce surcroît de travail. »

La Commission parlementaire des crédits extraordinaires de 1846, ajoute le même *exposé des motifs*, « venait de déclarer que les difficultés de la situation ne pouvaient être vidées que par une grande mesure administrative. »

Les territoires auxquels s'appliquait alors cette ordonnance n'embrassaient que 360,000 hectares environ; le projet de loi que le Gouvernement soumet aujourd'hui à votre examen s'applique à l'Algérie entière et il est hors de doute qu'en 1873, plus encore qu'en 1846, les tribunaux — leur nombre fût-il doublé, quadruplé même, — ne pourraient, à moins d'y consacrer de très nombreuses années, suffire au surcroît de tâche qni leur serait imposé.

L'ordonnance de 1846 a eu pour résultat de constituer, dans les périmètres auxquels elle s'appliquait, la propriété d'une manière certaine, là où elle n'était que chaos, et ce, dans le délai de cinq ans et sans frais sérieux.

C'est, sans aucun doute, le résultat heureux de cette première expérience qui a engagé les auteurs du sénatus-consulte du 22 avril 1863 à recourir au même procédé pour l'établissement de la propriété individuelle en Algérie. En effet, l'art. 2 de ce sénatus-consulte est ainsi conçu:

« Il sera procédé *administrativement* et dans le plus bref délai :

» 1° A la délimitation des territoires des tribus;

» 2° A leur répartition entre les différents *douars* de chaque tribu, etc.;

» 3° A l'établissement de la propriété individuelle entre les membres de ces *douars*, partout où cette mesure sera reconnue possible et opportune. »

Il a été, jusqu'à ce jour, procédé *administrativement* aux deux opérations préliminaires; la logique impose, par voie de conséquence, le même procédé pour la troisième opération.

En France, d'ailleurs, c'est toujours le pouvoir administratif qui a réglé les questions contentieuses relatives à la vente des biens nationaux; c'est le même pouvoir qui a créé la propriété individuelle sur les biens collectifs des communes.

D'autres considérations ont engagé votre Commission à repousser le concours des tribunaux dans une œuvre qui « a pour but de pourvoir à un grand intérêt, à la fois politique et administratif, » comme le disait l'auteur de l'exposé des motifs de l'ordonnance royale du 21 juillet 1846.

L'intérêt politique de la France, dans la mesure si libérale de l'établissement de la propriété individuelle, est de ne pas commencer par ruiner ceux que nous voulons enrichir. Or, la valeur moyenne de la terre aux mains des indigènes ne dépasse pas 25 francs l'hectare et la superficie moyenne de la charrue (*zouidja*) est de 10 hectares, 30 au maximum, avec les jachères. Les frais de justice pour l'établissement de la propriété individuelle sur une *zouidja* pourraient souvent dépasser le chiffre moyen de 750 francs, prix de la valeur moyenne de l'*unité agraire* généralement possédée par chaque famille.

L'intérêt politique et administratif de la France en Algérie est encore, tout en respectant les droits légitimes des indigènes, en leur faisant la part aussi large que possible, de ne pas oublier que la colonisation a aussi besoin de terres. Malgré sa très grande libéralité, le sénatus-consulte du 22 avril 1863 a réservé, par son art. 5, des droits que l'administration seule peut faire valoir et dont les tribunaux ne peuvent connaître qu'au cas de contestation.

Cet article 5, à peu près inappliqué dans les deux opérations préliminaires de la délimitation des tribus et des *douars*, du moins en ce qui concerne les revendications de l'État, ne peut être trop scrupuleusement observé en matière de *melk* ou de prétendus *melk*, est ainsi conçu :

« Sont réservés les droits de l'État à la propriété des biens du *beylick* et ceux des propriétaires de biens *melk*.

» Sont également réservés, le domaine public, tel qu'il est défini par l'art. 2 (1) de la loi du 16 juin 1851, ainsi que le domaine de l'État, notamment en ce qui concerne les bois et forêts, conformément à l'article 4, § 4 (2) de la même loi. »

On aura une idée de l'étendue considérable de terres que le domaine peut revendiquer, en vertu de l'article 5 du sénatus-consulte de 1863 et en vertu des articles 2 et 4 de la loi de 1851, par les rôles de l'*achour* ou impôt sur les cultures, rôles établis annuellement.

Depuis que des recensements sont dressés, jamais le chiffre de la superficie cultivée n'a dépassé 2,500,000 hectares, et ce chiffre n'a été atteint qu'en 1863, année où les indigènes, menacés du cantonnement, ont labouré et ensemencé le

---

(1) Art. 2. — Le domaine public se compose :

1° Des biens de toute nature que le code civil et les lois générales de la France déclarent non susceptibles de propriété privée ;

2° Des canaux d'irrigation et de dessèchement exécutés par l'État ou pour son compte dans un but d'utilité publique et des dépendances de ces canaux, des acqueducs et des puits à l'usage public ;

3° Des lacs salés, des cours d'eau de toute sorte et des sources.

Néanmoins sont reconnus et maintenus tels qu'ils existent les droits privés de propriété, d'usufruit ou d'usage légalement acquis, antérieurement à la promulgation de la présente loi, sur les lacs salés, les cours d'eau et les sources ; et les tribunaux ordinaires restent seuls juges des contestations qui peuvent s'élever sur ces droits.

(2) Art. 4. — Le domaine de l'État se compose :

1° Des biens qui, en France, sont dévolus à l'État, soit par les art. 33, 539, 541, 713, 723 du code civil, et par la législation sur les épaves ; soit par suite de déshérence, en vertu de l'art. 768 du code civil, en ce qui concerne les Français et les étrangers, et en vertu du droit musulman en ce qui concerne les indigènes ;

2° Des biens et droits mobiliers et immobiliers provenant du *beylick* et tous autres réunis au domaine par des arrêtés ou ordonnances rendus antérieurement à la promulgation de la présente loi ;

3° Des biens séquestrés qui auront été réunis au domaine de l'État dans les cas et suivant les formes prévus par l'ordonnance du 31 octobre 1845 ;

4° Des bois et forêts, sous la réserve des droits de propriété et d'usage régulièrement acquis avant la promulgation de la présente loi.

Des règlements d'administration publique détermineront le mode d'exercice des droits d'usage.

plus qu'ils ont pu, pour être reconnus propriétaires des plus grands espaces possibles. La moyenne annuelle des cultures, depuis 1847, c'est-à-dire depuis que la conquête peut être réputée achevée, est de deux millions d'hectares. Doublons ce chiffre pour faire la part des jachères, triplons-le, quadruplons même, afin de comprendre les besoins de parcours des troupeaux; défalquons aussi les 700.000 hectares déjà dévolus à la colonisation et les superficies attribuées à l'État au titre forêts, il ne restera pas moins de trois à quatre millions d'hectares vacants, sans aucuns maîtres et conséquemment à la disposition du domaine.

Qu'il s'agisse de la revendication des biens vacants et sans maîtres, aux termes des art. 539 et 713 du Code civil ou des biens en déshérence, aux termes des art. 539, 723 et 768 du Code civil, ou de l'art. 4 de la loi de 1851, qui reconnaît l'État apte à hériter dans la plupart des successions ouvertes entre indigènes, ici en partage, là en totalité, suivant le sexe ou le degré de parenté des successibles, il est incontestable que les juges ordinaires, armés du texte rigoureux de la loi, ne pourraient, sans graves inconvénients, être saisis de ces revendications en général fort complexes, qui exigent l'action d'une autorité tempérée par la ferme volonté de tenir équitablement la balance entre des droits rivaux et aussi respectables les uns que les autres.

D'après le procédé proposé par le gouvernement dans le titre Ier de son projet du 27 mars 1872, les indigènes risqueraient d'être ruinés par des frais de justice supérieurs à la valeur réelle du sol, et l'État s'exposerait à voir son droit de revendication complètement annulé ou sérieusement compromis. Les intérêts de la France en Algérie exigent qu'il n'en soit pas ainsi.

En résumé, la préférence que votre Commission donne à la juridiction administrative sur la juridiction des tribunaux ordinaires respecte l'article 2 du sénatus-consulte du 22 avril 1863; mais, en même temps, cette préférence lui est pour ainsi dire imposée par l'obligation d'appliquer les dispositions de l'article 5 de ce même sénatus-consulte dont on n'a pas assez tenu compte jusqu'à ce jour, bien que cet article 5 ne soit que le correctif nécessaire des trop grandes largesses résultant de l'article 1er.

Par suite de cette résolution de la Commission, acceptée par le gouvernement et que l'Assemblée nationale ratifiera, nous l'espérons, un des titres du projet primitif, celui relatif *à la constatation de la propriété melk* se trouve supprimé en son entier, sauf les dispositions qui lui étaient communes avec le titre spécial aux territoires *arch*.

Il en est de même du titre du même projet relatif *aux partages et aux licitations* que votre Commission vous demande de repousser. Une loi, dont l'article 1er dispose que la législation française, en matière de propriété, est désormais appliquée en Algérie, ne peut violer le principe fondamental sur lequel elle repose.

Le titre relatif *aux partages et aux licitations* demande pour le gouverneur général de l'Algérie, au nom de l'utilité publique, le droit discrétionnaire de faire cesser l'indivision entre copropriétaires et réglemente la manière de procéder en cette occurence.

La Commission apprécie les avantages de la propriété individuelle, car le but de la présente loi est de la créer; mais elle ne peut se résigner à enfreindre la disposition fondamentale du code civil formulée en l'article 544 : « La propriété est le droit de jouir et de disposer des choses de la manière la plus absolue, pourvu qu'on n'en fasse pas un usage prohibé par les lois ou par les règlements. »

L'article 815 et suivants du même code statuent sur l'action en partage et sa forme; il y a obligation pour tous, même pour le gouverneur général de l'Algérie, de se conformer aux dispositions y édictées. Nul autre que l'un des copropriétaires ne peut faire cesser l'indivision. L'utilité publique n'a rien à y voir.

D'ailleurs, à quoi servirait d'introduire dans la loi une disposition qui, dans certains cas, serait contraire aux habitudes des indigènes? A moins d'une sanction pénale qu'on ne propose pas, qui pourrait obliger des parents, copropriétaires, après un partage administratif ou judiciaire, à ne pas vivre sur leurs terres indivisément comme par le passé?

Chez les indigènes, la tradition et les liens de famille sont encore assez puissants pour les solliciter à rester dans l'indivision, même au détriment de leurs intérêts. Nous pouvons, par l'exemple et par l'appât d'un surcroît de bien-être, les engager à modifier leurs habitudes séculaires; mais la sagesse politique, tout au moins, nous interdit de leur faire violence. Quand chacun connaîtra la part qui lui appartient dans le patrimoine commun, il se rencontrera bientôt quelque individualité peu satisfaite du collectivisme, et il faudrait ne pas connaître l'homme pour douter qu'avant très peu de temps, dans chaque famille, il y aura quelqu'un qui demandera le partage, pour mieux assurer son indépendance et donner un plus grand aliment à son activité.

Toutefois, il doit être bien entendu que la Commission, par le rejet du titre spécial aux *partages* et aux *licitations*, n'entend respecter l'indivision ni dans la tribu, ni dans le *douar*, en tant que s'appliquant à une collectivité, mais seulement entre parents d'une même famille, constituant une unité familiale bien et dûment constatée et attestée par l'acquittement de l'impôt au nom du chef de la famille. Autrement, la nouvelle loi serait sans objet.

En proposant à l'assemblée la suppression du titre spécial aux *partages* et aux *licitations*, ainsi que la modification de quelques autres dispositions du projet du gouvernement, la Commission n'a d'autre but que de donner elle-même l'exemple du respect au principe fondamental de la loi.

Tels sont les principaux points par lesquels le projet de la Commission diffère de celui du gouvernement; nous espérons, Messieurs, que vous considérerez comme fondées les raisons des modifications que nous y avons introduites.

Maintenant, nous allons aborder les détails de la loi, article par article.

V

L'art. 1er du projet du Gouvernement procède par abolition de toutes dérogations aux lois françaises, *en vigueur en Algérie*, et supprime le droit de *chefâa* ou droit de rachat par le ou les copropriétaires du vendeur, et même, dans quelques cas, par les parents, les voisins ou les membres de la tribu. La rédaction nouvelle proposée par la Commission et acceptée par le gouvernement procède d'abord par l'affirmation du principe dominant de la loi : l'application des lois françaises à l'établissement, la conservation et la transmission de la propriété, sans distinguer entre celles de ces lois qui sont ou ne sont pas en vigueur en Algérie; puis, elle abolit d'une manière générale toutes les exceptions du droit musulman ou des coutumes kabyles contraires à la loi française.

Le droit réel de *chefâa*, variable suivant l'origine arabe ou berbère des populations, est, dans le projet du Gouvernement, l'objet d'une abolition absolue, à raison de son caractère politique, dont le but est d'exclure tout étranger de la copossession collective ou individuelle, soit dans la propriété de la famille, soit dans le territoire du *douar* ou de la tribu. La Commission, fidèle au principe de la nouvelle loi, ne croit pas pouvoir abolir le droit de *chefâa* d'une manière aussi radicale, parce qu'un droit analogue, le *retrait successoral*, existe dans la loi française; mais elle restreint le droit de rachat aux dispositions de l'art. 841 du Code civil, et, par exception au droit français, limite l'exercice de ce privilège aux parents successibles d'après le droit musulman, le statut personnel des indigènes en matière de succession étant spécialement maintenu par l'art. 6 de la présente loi. Il était nécessaire qu'il en fût ainsi, car l'ordre de successibilité s'arrête, chez les indigènes, au sixième degré de parenté, tandis qu'en droit français le parent, au douzième degré, est encore habile à succéder.

Le projet du gouvernement n'étend pas l'action de la nouvelle loi au delà du Tell : la Commission pense que la loi doit comprendre toute l'Algérie, sauf à restreindre son application immédiate à la région tellienne. Au titre des *dispositions transitoires*, article 31, le projet de la Commission stipule cette réserve.

Au delà du Tell, l'occupation française comprend Biskra dans les oasis du Ziban, Bou-Sâada et Djelfa dans la région des steppes sahariennes, Laghouat et Géryville dans le Sahara occidental. Sur ces points, on compte, non compris l'État et les militaires qui y possèdent des immeubles, 1,165 Français, étrangers ou Israélites indigènes naturalisés français, parmi lesquels beaucoup sont propriétaires d'immeubles urbains et ruraux qui ne peuvent être régis que par la loi française.

Chaque jour, l'extension de notre commerce, l'exploitation industrielle de quelques produits sahariens, notamment l'*alfa*, peuvent amener des Français à fonder des établissements sur des points encore plus avancés dans le Sud ; des Israélites, aujourd'hui citoyens français par la naturalisation, sont, de temps immémorial, établis dans les oasis de l'extrême sud de nos possessions, et il importe que la loi de la France régisse leurs propriétés, actuelles et futures ; c'est pourquoi le projet de la Commission étend à l'Algérie entière le bénéfice de la loi.

L'article 2 du projet de la Commission introduit dans la loi des catégories de propriétés auxquelles la présente loi ne peut s'appliquer dans une partie de ses dispositions et que le projet du gouvernement a laissées dans l'oubli, savoir :

Les propriétés des territoires qui ont été soumis à l'application de l'ordonnance du 21 juillet 1846, et celles des territoires dans lesquels des *Commissions* dites des *transactions et partages* ont procédé aux mêmes opérations, en substituant aux titres anciens des titres nouveaux délivrés par l'autorité française ;

Enfin, la propriété individuelle constituée dans quelques tribus par voie de cantonnement, et dont les titres ont la même origine que ceux de la catégorie précédente.

Le gouvernement reconnaît que ces deux lacunes devaient être comblées.

L'art. 3 du projet de la Commission diffère de celui du projet du Gouvernement en ce qu'il distingue entre la possession individuelle et la possession collective, ce qui est d'obligation rigoureuse.

Dans tous les cas où le sol est possédé privativement, avec ou sans titre, sauf le cas de titre notarié ou administratif, la possession est constatée et affirmée par la délivrance d'un titre nouveau.

Dans tous les cas où la possession est collective, soit au titre *arch*, soit au titre *melk*, l'art. 3 du projet de la Commission, comme l'art. 3 du projet du Gouvernement, y font cesser la collectivité en attribuant à chaque membre de la tribu, du *douar* ou de la famille, la part qu'il exploite effectivement, jachères comprises.

Dans le projet du Gouvernement, le surplus doit revenir à l'État à titre de *biens vacants*, sans tenir compte des communaux, spécialement réservés par l'art. 2 du sénatus-consulte de 1863. Votre Commission, Messieurs, estime que les communaux sont aussi nécessaires à l'existence des tribus et des *douars* ou fractions de tribus que les terres de culture proprement dites, et elle vous demande de consacrer par votre approbation la modification qu'elle apporte au texte du projet du Gouvernement, car les troupeaux sont une des principales richesses des indigènes et, sans les biens communaux, ils ne sauraient où nourrir leur bétail. Toutefois, votre Commission pense qu'il y a lieu de distinguer, dans l'application de la loi, entre les communaux propres à chaque tribu ou *douar*, et dont la jouissance appartient exclusivement à une communauté distincte, et les grands espaces de parcours généraux, notamment ceux couverts d'*alfa*, qui sont des biens de la communauté musulmane, comme les bois et forêts, et qu'on a, à tort, confondus jusqu'à ce jour, dans la constitution des *douars-communes*, avec les communaux proprement dits de ces communes.

La transformation des tribus en communes, sous le nom de *douars*, exige que chaque *douar* ait son communal distinct, avec titre spécial de propriété et plan à l'appui. Dans la condition actuelle d'existence des indigènes, la dotation de communaux, au profit de chaque commune, est le complément obligé de l'établissement de la propriété individuelle.

Mais aussi, la conservation de grands parcours généraux, distincts des communaux proprement dits de chaque *douar*, est, dans les conditions climatériques excessives de certaines régions de notre vaste conquête, non moins indispensable. A ce sujet, le rapport de votre Commission croit devoir, en quelques lignes, vous initier à quelques exigences géographiques et climatériques dont tout législateur doit tenir compte.

L'Algérie, comme toute la péninsule atlantique, présente, du Nord au Sud, du littoral méditerranéen au littoral d'une mer intérieure, aujourd'hui desséchée, qui jadis, si elle a eu un nom, a dû s'appeler la mer Saharienne et qui est devenue une portion du Sahara moderne, un relief considérable, qui s'élève graduellement, sur les deux versants, du niveau actuel des mers jusqu'à des altitudes variables entre 1,200 et 2,000 mètres, c'est-à-dire dans des conditions où l'*habitat* de l'homme et des animaux y est soumis à des lois exceptionnelles.

La figure ci-dessous donne, aussi approximativement que possible, une idée de ce relief entre Alger et l'oasis d'Ouargla :

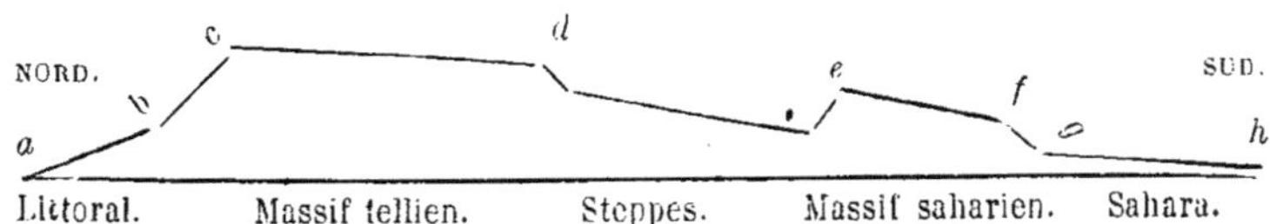

Sur les hauts plateaux, qui comprennent l'espace entre *c* et *f*, dans les saisons d'été exceptionnellement chaudes et dans les saisons d'hiver exceptionnellement froides, lesquelles, trop souvent, en vertu d'une sorte de loi de compensation, se succèdent les unes aux autres, les troupeaux sont condamnés à une mort inévitable, faute d'abris, d'eaux aménagées et de fourrages emmagasinés, si une prévoyance quelconque ne leur a réservé dans les basses régions, entre *a* et *b* et entre *g* et *h*, des parcours généraux où ils puissent vivre.

C'est cette loi fatale de la nature qui, en 1867–1868, a été subie par la presque totalité des tribus, parce que, du côté du Sud, l'insurrection des Ouled-Sidi-Cheikh s'est opposée à toute migration et parce que diverses raisons ont fait obstacle à tout déplacement du côté du Nord. De là est résulté une perte de 50 °/₀ sur les animaux et de 20 °/₀ sur les hommes. Ce chiffre de perte, pour les hommes, est confirmé par le recensement officiel de 1872.

Il n'en était pas ainsi sous la domination romaine. Les ruines d'établissements importants dans le massif tellien, dans la région des steppes et même dans le massif saharien, le démontrent. C'est la conquête arabe qui, en important dans la péninsule atlantique le régime de la culture extensive des peuples pasteurs, y a aussi importé le régime des vaches grasses et des vaches maigres de la Bible. Toutefois, les Arabes, en nomades habitués aux lois naturelles des régions désertiques, possédaient les pratiques de l'expérience et, comme correctif de leur imprévoyance, ils avaient partout réservé, sous le nom de biens de la communauté musulmane *(Bled-el-Islam)*, des parcours généraux qui leur ont permis de lutter contre les influences destructives de leur nouvelle patrie ; sans quoi, nous n'eussions trouvé que les Berbères, les autochtones, pour nous disputer la conquête de l'Algérie.

Si la catégorie des biens de la communauté musulmane n'existait pas, nous devrions la créer. Elle existe, et depuis douze siècles; sachons du moins la conserver. C'est pourquoi nous insistons afin que, dans l'application de la loi nouvelle, les parcours généraux, — au moins ceux couverts d'*alfa* et de *senra*, — restent à la disposition de l'État comme biens vacants et sans maîtres et ne soient plus, comme par le passé, attribués dédaigneusement aux *douars*, hors des limites du nécessaire, à titre de communaux.

L'*alfa* et la *senra*, deux graminées du genre *stipa* (d'où le nom de steppes donné à la région qui les produit), sont des plantes textiles de tout temps employées en travaux de sparterie et de corderie et, depuis quelques années, très recherchées pour la fabrication du papier et de divers tissus. L'avenir réservé à ces deux plantes permet d'espérer, pour les contrées aujourd'hui à peu près inhabitées qui en sont couvertes, une prospérité égale, si ce n'est supérieure, à celle qu'elles ont connue sous les Romains, sans compromettre en rien les conditions d'existence des troupeaux qui y vivent, car les parties de l'*alfa* et de la *senra* propres à des usages industriels sont généralement impropres à l'alimentation des animaux.

Déjà des propositions de construction de chemins de fer, sans subventions et sans garanties d'intérêts, ont été faites au gouvernement de l'Algérie, en vue de l'exploitation des deux plantes dont nous parlons. Ces chemins et les grands établissements qui en seraient la conséquence métamorphoseraient rapidement la région des steppes; mais pour que le projet dont nous parlons puisse se réaliser, il importe que l'État maintienne ses droits sur la nue propriété du sol, tout en respectant les droits de parcours généraux au profit des troupeaux de quiconque voudra en jouir.

Biens vacants et sans maîtres, les steppes appartiennent et ne peuvent appartenir qu'à l'État.

A l'occasion de la discussion de l'art. 8 au sein de la Commission, et entre la Commission et le Gouvernement, a été soulevée la question de savoir si, dans les territoires qui ont été soumis aux deux opérations préliminaires de l'art. 2 du sénatus-consulte du 22 avril 1863, opérations sanctionnées par des décrets impériaux, les revendications de l'État allaient se rouvrir, non seulement au titre de la déshérence ou de la carence, mais encore au titre des droits domaniaux qui ont pu être omis ou négligés volontairement.

Après de longs débats contradictoires dans lesquels les droits et les intérêts de la colonisation et de l'indigénat ont été pesés avec une égale sollicitude, la Commission, unanime sur ce point et d'accord avec le Gouvernement, a émis l'avis qu'il était aussi inutile qu'impolitique de revenir sur des faits accomplis, du moment où, par application de la troisième disposition du susdit art. 2, objet principal de la présente loi, c'est-à-dire la constatation et la confirmation de la propriété privée là où elle existe et son établissement là où elle n'est que collective, le domaine pouvait, en exécution du deuxième paragraphe de l'art. 5 du même sénatus-consulte et en vertu de l'art. 539 du Code civil revendiquer comme *biens vacants* tout ce qui n'était pas possédé ou joui effectivement, quelle que fût l'origine des biens avant la vacance.

Restait à définir le sens à attacher aux mots : *biens vacants*, dans l'état où se trouve actuellement le sol aux mains des indigènes.

D'après votre Commission, Messieurs, en Algérie, doivent, — en dehors des communaux de chaque tribu ou *douar* affectés à la vaine pâture, — être réputés biens vacants :

Les biens susceptibles par leur nature d'une appropriation privée, mais n'ayant pas de propriétaire connu;

Les biens tombés en déshérence;

Les biens abandonnés par leurs propriétaires, usufruitiers ou usagers, de leur vivant, ou, au décès de ces derniers, par leurs héritiers;

Les biens des émigrés, sans esprit de retour et sans que qui que ce soit, parent, ami ou fondé de pouvoirs, soit chargé de les représenter;

Les biens inoccupés, inutilisés, qui faisaient jadis partie du domaine public ou du domaine de l'État, en vertu d'une affectation à un service d'intérêt général, alors que cette affectation a cessé ou n'a plus sa raison d'être.

Dans les limites de cette définition, les droits des indigènes se trouvent sauvegardés de la manière la plus absolue.

L'art. 4 du projet de la Commission qui subordonne le maintien de l'indivision aux dispositions de l'art. 815 du code civil n'est qu'un paragraphe détaché de l'art. 3 du projet du Gouvernement. La rédaction est la même, ainsi que celle de l'article qui suit dans les deux projets, et relatif au droit d'enregistrement et aux frais de la transcription.

L'art. 5 du projet du Gouvernement devient inutile, le titre II de la présente loi remplaçant le règlement d'administration publique auquel on laissait le soin de déterminer les conditions de la constatation et de l'établissement de la propriété.

L'art. 6 du projet du Gouvernement introduit, par son deuxième paragraphe, dans une loi spéciale au statut réel des indigènes, une disposition qui touche à leur statut personnel expressément réservé par le sénatus-consulte du 14 juillet 1865. Votre Commission a pensé qu'elle ne pouvait aborder incidemment un sujet aussi délicat.

Si le Gouvernement croit à la nécessité d'une loi relative aux mariages mixtes, il en fera l'objet d'une présentation particulière. Il nous a déclaré ne pas insister du moment que le motif du rejet lui laisse la faculté de reproduire isolément ses propositions.

Pour l'édification de l'Assemblée nationale, nous devons lui dire que le nombre des mariages mixtes en Algérie est fort peu considérable, surtout entre Françaises et Musulmans, les seuls qu'on avait sérieusement en vue dans le paragraphe proposé. Les mariages entre Françaises et Musulmans sont extrêmement rares, et cela se comprend, car la femme chrétienne, qui a conservé le sentiment de sa dignité, ne s'abaisse jamais à se soumettre aux obligations d'un mariage, monogame ou polygame, qui la ravale à l'état de *chose*. D'ailleurs si le législateur croyait, par respect pour la femme française, devoir se préoccuper de ces mariages exceptionnels, il ne serait pas convenable qu'il le fît dans une loi concernant la propriété immobilière. Parmi les Musulmans, un trop grand nombre considère la femme comme une propriété, pour que nous ne nous préoccupions pas des conséquences qu'on en pourra tirer, si on trouvait dans la présente loi le deuxième paragraphe de l'article 6 du projet du Gouvernement.

Toutefois, nous maintenons le paragraphe premier de cet article, quoique relatif au statut personnel des indigènes et aux règles de succession entre eux, parce qu'il a paru utile de les rassurer au sujet des conséquences qu'ils pourraient attribuer à la présente loi, sur des points qui les intéressent au plus haut degré.

Nous avons fait connaître, pourquoi, dans notre art. 6, nous donnions la préférence à la voie administrative pour procéder à l'exécution de la loi; il est inutile de répéter ce qui a été dit à cet égard.

En résumé, le titre des *dispositions générales* de la loi statue sur trois points principaux :

Application de la loi française à la propriété indigène, en exécution du paragraphe 2 de l'art. 3 du Code civil;

Reconnaissance et constitution de la propriété privée par voie administrative, en exécution de l'art. 2 du sénatus-consulte du 22 avril 1863;

Revendication des biens vacants et en déshérence, en exécution de l'art. 5 du même sénatus-consulte et des art. 2 et 4 de la loi du 16 juin 1851, sur la propriété en Algérie, et aussi conformément à l'art. 539 du Code civil.

VI

Après l'exposé des principes de la loi, principes contenus dans le titre Ier, nous avons à aborder les détails de leur application, objet du titre II, spécialement consacré à la *procédure relative à la constatation de la propriété privée, et à la constitution de la propriété individuelle*. Pour plus de clarté, en une matière aussi obscure, nous divisons ce titre en deux chapitres.

Ordinairement le législateur ne statue pas sur les moyens d'exécution des lois qu'il édicte; ce soin est réservé à des *Règlements d'administration publique*. Nous devons vous dire, Messieurs, pourquoi ce projet comprend, à la fois, une loi de principe dans son titre Ier, et une loi d'exécution dans ses titres II et III.

Le 29 janvier 1872, l'Assemblée nationale n'a d'abord été saisie que du projet de la loi fondamentale (annexe 861) : mais, à la date du 3 mars suivant, votre Commission a reçu de M. le ministre de l'intérieur un projet de règlement d'exécution et elle a immédiatement reconnu, d'accord en cela avec le Gouvernement, que ce projet de règlement comportait un certain nombre de dispositions, entre autres celle relative aux déchéances, sur lesquelles il ne pouvait être statué que par le pouvoir législatif. Notre mandat étant limité, nous avons demandé à M. le ministre de l'intérieur de suivre la marche régulière d'un second dépôt à la tribune et d'obtenir le renvoi de la loi de procédure à la Commission chargée de l'examen du projet de la loi de principes. C'est ce qui fut fait le 27 mars. Le projet de règlement, devenu projet de loi (annexe n° 1043), nous fut renvoyé, et c'est ainsi que deux projets de loi se résument en un seul.

Il a été dit, pourquoi le projet de loi unique de la Commission supprime les treize premiers articles du projet de la loi de procédure du Gouvernement; il n'y a pas à revenir sur ce sujet.

Par suite de la suppression de ces treize articles, l'article 8 du projet de la Commission correspond à l'article 14 du projet de la seconde loi du Gouvernement.

Dans l'article 8 de la Commission, relatif à la désignation des circonscriptions territoriales sur lesquelles les opérations de la constitution de la propriété individuelle seront successivement entreprises, nous avons cru devoir imposer au gouverneur général civil de l'Algérie l'obligation, dans l'intérêt de la colonisation, de prendre l'avis préalable du Conseil général du département, parce qu'il nous paraît important de rendre d'abord les terres disponibles sur les points où des routes, des chemins de fer, des travaux d'assainissement ont rendu le sol accessible aux colons, de préférence aux régions dans lesquelles ces travaux préparatoires seraient encore à accomplir. Nul, mieux que les membres de la représentation départementale, ne peut savoir où la création de nouveaux établissements européens peut être utile et nécessaire.

Les articles 9, 10 et 11 du projet de la Commission relatifs à la nomination du commissaire enquêteur et aux formalités à remplir en vue de l'accomplissement de sa mission, sont conformes aux articles 15, 16, 17 du projet du Gouvernement, sauf quelques mots sans importance, changés dans la rédaction qui vous est soumise.

L'article 12 du projet de la Commission répare un oubli du projet du Gouvernement, en rappelant au commissaire enquêteur une des principales dispositions de la loi, le principe qui attribue au domaine de l'État tous les immeubles vacants et en lui imposant le devoir de les signaler à l'administration compétente.

A propos de cet article qui est commun aux anciennes terres *arch* et *melk*, catégories que le projet de loi de procédure du Gouvernement distingue, on a objecté que la déshérence ne semblait pas devoir être prévue dans les territoires *arch*, dont le domaine utile, seul, appartenait aux usagers, le domaine direct étant resté la propriété de l'État.

La Commission a examiné cette objection avec le plus grand soin.

Elle a constaté :

Qu'antérieurement à la conquête, le droit de tout membre d'une tribu, sur une terre *arch*, avait toujours été reconnu par la tribu et que, généralement, le fils avait succédé au père dans l'exploitation de ses lots de culture;

Que, depuis que des caïds ont été chargés d'administrer les tribus au nom de la France, l'autorité française avait toujours fait respecter religieusement les droits des tenanciers du sol, aussi bien dans les territoires *arch* que dans les territoires *melk*;

Que l'art. 11 de la loi du 16 juin 1851 est ainsi conçu :

« Sont reconnus tels qu'ils existaient au moment de la conquête ou tels qu'ils ont été maintenus, réglés ou constitués postérieurement par le Gouvernement français, les droits de propriété et les *droits de jouissance* appartenant aux particuliers, aux tribus et aux fractions de tribus; »

Que, depuis le sénatus-consulte de 1863 et en vertu de l'art. 1er, les *droits de jouissance* ont été déclarés DROITS DE PROPRIÉTÉ;

Qu'en conséquence, depuis 1863 obligatoirement, depuis 1851 certainement, et antérieurement à n'en pas douter, il y avait place à la déshérence, puisque le droit à la jouissance était consacré par deux actes législatifs, qui eux-mêmes ne faisaient que confirmer des attributions souvent séculaires.

Le Gouvernement a reconnu le bien fondé de cette interprétation.

Les articles 13, 14 et 15 du projet de la Commission reproduisent à peu près textuellement les articles 6, 7 et 8 du titre premier du second projet du Gouvernement, titre supprimé par la Commission. Ces trois articles ont pour objet le dépôt du procès-verbal du commissaire enquêteur et les formalités à remplir par ceux qui voudraient contester ses propositions de partage.

L'article 16 et l'article 19 des deux projets, et relatif à l'examen des contestations, sont identiques.

L'article 17 du projet de la Commission introduit dans la loi une disposition essentielle.

Il exige que chaque titre de propriété délivré par l'administration française contienne l'adjonction d'un nom de famille, pour éviter des confusions aujourd'hui très faciles, la plupart des indigènes ne se distinguant entre eux que par un prénom uni au prénom de leur père : *un tel, fils d'un tel*, très souvent : Mohamed, fils de Mohamed.

Pareille situation s'est produite en France à l'époque de la naturalisation des Israélites. Le décret du 20 juillet 1808 a obligé chaque nouveau citoyen français à prendre un nom de famille. Cette prescription s'est accomplie au grand avantage de tous et sans difficulté sérieuse. Il doit en être de même pour les Musulmans de l'Algérie. Jamais circonstance plus opportune ne se présentera pour opérer un progrès vivement désiré depuis longtemps. Nous avons dû donner de nouveaux noms aux *douars*, chaque fois que la tribu a dû être fractionnée, par application des premiers paragraphes de l'art. 2 du sénatus-consulte de 1863; ce précédent fera comprendre aux indigènes que nous devons, en constituant parmi eux la propriété individuelle, et par application de l'avant-dernier paragraphe du même article, adjoindre aux prénoms et surnoms sous lesquels ils étaient antérieurement connus, un nom de famille distinctif. La loi devait leur en faire une obligation, et nous n'avons pas hésité à vous proposer l'adoption de cette réforme, déjà prescrite en 1865, mais non entreprise, probablement parce qu'on attendait une occasion qui la rendrait applicable.

Les articles 18 et 19 du projet de la Commission, qui laissent à tout intéressé et à tout créancier le moyen de sauvegarder leurs droits, sont, à très peu de différence près, la reproduction des articles 11, 12 et 13 du projet du Gouvernement.

L'article 20 de la Commission transfère au préfet, en conseil de préfecture, l'examen du dossier du commissaire enquêteur que l'article 20 du projet du

Gouvernement réservait au gouverneur, en conseil de gouvernement, et exige que le dossier comprenne un plan parcellaire et un registre terrier dressé par le service topographique. La justification de ce changement, accepté par le Gouvernement, ne semble pas nécessaire. Le Conseil de préfecture est un tribunal administratif, essentiellement compétent en pareille matière. Il est sur place et n'a d'autres attributions que celles de sa fonction. Le Conseil de gouvernement, composé de fonctionnaires, chefs des grands services de l'Algérie, n'a ni le temps ni la compétence pour s'occuper de dossiers de propriété. Un conseil consultatif n'est qu'un conseil et dans l'espèce, un tribunal est indispensable. D'ailleurs, pour les départements d'Oran et de Constantine, il y aurait souvent de très grands inconvénients à envoyer à Alger des dossiers très volumineux qui risqueraient de s'y égarer, ce qui est arrivé plus d'une fois.

Les articles 21 d'un projet et 22 de l'autre, relatifs à l'enregistrement et à la transcription des titres français, sont les mêmes.

Les articles 22, 23 et 24 de la Commission comblent des lacunes du projet du Gouvernement : le premier concerne le domaine, le second les biens séquestrés et le dernier met à la charge du budget des tribus les dépenses nécessitées par l'exécution de la présente loi. Cette dernière mesure est de toute justice.

VII

La reconnaissance et la constitution de la propriété individuelle sur une superficie aussi considérable que celle de l'Algérie exigeront de nombreuses années avant leur achèvement complet. Il y a donc nécessité, pour ne pas entraver la transmission de la propriété dans les parties de l'Algérie où la loi n'aura pas encore été appliquée, de pourvoir, par des *dispositions transitoires*, à la réglementation des mutations qui pourront se produire. Tel est l'objet du titre III du projet de la Commission. (Titre IV du projet du Gouvernement.)

Les articles 25, 26, 27, 28, 29 et 30 du projet de la Commission, auxquels correspondent les articles 26, 27, 28, 29, 30 et 31 du projet du Gouvernement n'offrent aucune différence dans la rédaction.

Le but de ces articles, ainsi qu'il a été dit ci-dessus, est de conserver à la propriété possédée privativement le droit de libre transmission qui lui est conféré par l'art. 6 du sénatus-consulte du 22 avril 1863, mais en donnant aux acquéreurs toutes les garanties nécessaires.

Un des membres de la Commission aurait désiré qu'on pût introduire dans la loi nouvelle une disposition autorisant l'hypothèque dans les mêmes conditions et avec les mêmes garanties que la vente, afin que si des années calamiteuses comme celles de 1867-1868 se reproduisaient, les indigènes ne fussent pas à nouveau exposés à périr, sans pouvoir affecter leurs propriétés à la garantie d'un emprunt. Votre Commission, Messieurs, a apprécié la valeur de cette proposition généreuse, mais elle l'a reconnue impraticable, car il serait à craindre que, sous prétexte de besoin et sans intention d'hypothéquer, beaucoup d'indigènes, de tous les points de l'Algérie, n'introduisent des demandes de constatation de leurs droits, ce qui amènerait une véritable anarchie dans l'exécution de la loi.

Si, par malheur, un fléau inattendu venait à frapper l'indigénat dans les mêmes conditions qu'en 1867 et en 1868, une disposition législative transitoire pourrait aviser au moyen de conjurer le mal.

L'article 31 de la Commission reproduit une disposition de l'article 1er du projet de loi du Gouvernement portant la date du 29 janvier 1872 et relatif à la limite dans laquelle la loi nouvelle sera tout d'abord appliquée.

La carte ci-annexée, qui donne cette limite, est une traduction graphique du procès-verbal de la délibération du Conseil supérieur de gouvernement de l'Algérie, en date du 19 janvier 1872, délibération approuvée à l'unanimité et ainsi conçue :

XXXVII

Limites méridionales du Tell

« Dans toute la partie occidentale de l'Algérie, les limites de la région du Tell sont naturellement tracées par la ligne de partage des eaux qui vont, d'un côté, à la Méditerranée, et de l'autre, aux dépressions salines des Chott. Au nord de cette ligne se font uniquement les cultures; au sud sont les steppes qui ne permettent que la dépaissance et obligent au régime nomade et pastoral. Au point de vue de l'impôt et de la propriété, les différences les plus considérables existent entre ces deux régions; sur leurs limites, la distinction n'est pas toujours très tranchée, mais l'incertitude est limitée, en général, à de petites étendues. En outre, presque tout le long de cette limite, existent des peuplements forestiers dont la conservation importe essentiellement à la colonisation pour permettre la réfection du régime climatérique au moyen de leur conservation. Ces forêts, ces broussailles, si précieuses à ce point de vue, doivent être mises sous la sauvegarde des fonctionnaires du Tell pour être garanties des déprédations et de la destruction familières aux nomades.

» Ceci posé, traçons la limite à partir de la frontière du Maroc.

» La limite réelle serait ici la chaîne de montagnes du Si-Label et du Mekaïdou prolongée sur le Djebel Beguira, en comprenant tout le territoire des Ouled-en-Nahr; El-Aricha serait sur cette limite. En la reportant un peu plus au Nord, sur la rive montagneuse qui part de Si-Aïssa-en-Nahr et passe par Si-Djelali et continuant cette limite jusqu'à la Daya-el-Ferd, on ne laisse au Sud que des territoires peu importants.

» De Daya-el-Ferd la limite doit gagner l'origine de la vallée de Ras-el-Ma, en englobant dans le Tell les terres de culture du plateau d'El-Gor.

» Au sud de Daya est la ligne de partage entre l'Oued Hammam et l'Oued Taouïra, passant par Aïn-Tefessour et Aïn-Tagouraïa.

» Puis, à l'est, la limite doit passer près des origines de l'Oued Follet, entre Saïda et Timetlas, et à peu près à égale distance de ces deux points.

» A l'est de Saïda, la limite doit encore suivre la crête de partage des eaux et comprendre les origines de l'Oued-Tifrit et de l'Oued El-Abd jusqu'à Aïn-Médrissa et Aïn-Guégal. On est alors arrivé à la chaîne montagneuse du Nador, qui limite au Sud les origines de la Mina et tout le bassin secondaire du Nahr Ouassel, et plus particulièrement de l'Oued Souf-Sellem. La limite passerait par Beniah et atteindrait le ksar de Goudjila aux limites orientales de la province d'Oran.

» Au delà, il serait rationnel de prolonger cette ligne sur la crête rocheuse et dentelée qui s'étend de l'Oued El-Ourk, que l'on pourrait suivre jusqu'au confluent du Nahr Ouassel.

» En tout cas, de Goudjila, on pourrait tracer une ligne passant par le Djebel Rechya jusqu'à l'Oued Redoul, jusqu'au Nahr-Ouassel, puis ce dernier cours jusqu'au confluent de l'Oued El-Ourk.

» Puis, vers l'Est, cette limite irait, suivant une ligne plus ou moins droite, aboutir au coude de l'Oued Guelta, qu'elle suivrait jusqu'à la limite du département de Constantine.

» Dans le sud-ouest du département de Constantine, la limite, entre la région tellienne et la région saharienne, part du point de jonction de l'Oued Djermann et de l'Oued Sebiseht et descend le lit de cette rivière jusqu'à son embouchure dans le Chott du Hodna, suit la rive nord de ce lac et se dirige vers Mockta-el-Hadjar. De cette riche carrière, la limite suit le faîte septentrional du Djebel Metlili, passe au Khanguet-Telatou-es-Shoun (ancienne *Ad duo fulmina*), puis gagne la crête du Djebel Mehmed; du sommet du Mehmed, la limite suit la ligne de partage des eaux du Tell et du Sahara sur un certain parcours, tombe au Djebel-Chelia, Ras-Foughal, Djebel Moughis, Djebel Djafa, passe à Teniet-el-Aénia, touche au Djebel El-Abtine, Djebel Bou-Djebben, passe un peu sur le versant sud, à El-Renazi, au Djebel Bou-Djila et va se terminer à Aïn-bou-Dress, sur la frontière de la Tunisie. »

Cette délibération a servi de base au décret du 20 février 1873 sur les circonscriptions cantonales, et la carte annexée à ce décret est la même que celle fixant les limites dans laquelle la présente loi est immédiatement applicable.

L'article 32 du projet de la Commission abroge toutes les dispositions contraires à la présente loi; il n'a pas besoin de commentaire.

Au terme des travaux de la Commission, une question s'est posée devant elle.

Le sénatus-consulte du 22 avril 1863, dont l'application est suspendue depuis la déclaration de guerre en 1870, est-il abrogé par la présente loi ?

S'il n'est pas abrogé, doit-on en reprendre l'exécution?

Si on doit en reprendre l'exécution, y a-t-il à diviser le travail, comme par le passé, en deux opérations, ou à procéder simultanément aux deux opérations?

Votre Commission, interprète de sa pensée, émet à cet égard, l'avis suivant :

Le sénatus-consulte du 22 avril 1863 est confirmé dans toutes ses dispositions par le titre Ier de la loi actuelle;

Le décret du 23 mai 1863, portant règlement d'administration publique pour l'exécution du sénatus-consulte du 22 avril 1863 et les instructions générales du ministre de la guerre pour l'application dudit règlement sont abrogés par les titres II et III de la présente loi;

Désormais, les diverses opérations prescrites par l'article 2 du susdit sénatus-consulte seront confondues en une seule. Le commissaire enquêteur qui procèdera à la constitution de la propriété individuelle proposera le groupement en *douars*, et le préfet statuera, le conseil général préalablement entendu, comme en matière de constitution des communes.

Les *douars-communes* précédemment créés par des décrets impériaux sont respectés.

Déjà, au sein de la Commission sénatoriale chargée de l'examen du projet du sénatus-consulte, une minorité importante avait demandé la simultanéité des trois opérations prescrites par l'art. 2. Ce procédé fut repoussé par respect de la possession collective dans la plupart des tribus, fait préexistant, disait-on, que le sénatus-consulte ne créait pas, mais qu'il devait respecter temporairement.

La loi actuelle, née de la nécessité démontrée par l'expérience de dix années, a pour objet unique de créer la propriété individuelle; alors, elle doit, dans l'exécution, s'affranchir du passage par la propriété collective.

Si le Sénat, mieux inspiré, avait adopté l'amendement présenté par la minorité de sa Commission, la propriété individuelle serait aujourd'hui constituée dans un très grand nombre de tribus, l'État serait en possession des biens reconnus vacants ou en désbérence, la colonisation pourrait jouir de terres qui restent improductives, et les indigènes n'auraient pas, à deux reprises, à subir les enquêtes de deux Commissions, enquêtes qui sèment toujours plus ou moins d'inquiétude dans le sein des tribus.

Sept années ont été nécessaires pour reconnaître les limites des territoires de la moitié des tribus de l'Algérie et répartir ces territoires entre les divers *douars* qui constituent les tribus. A cette vitesse, l'exécution complète du sénatus-consulte de 1863 eût exigé des très nombreuses années encore. Dans une question qui touche à la fois aux intérêts généraux du pays et aux intérêts privés de chaque habitant, il y a nécessité absolue de procéder avec la plus grande rapidité.

En terminant son rapport, votre Commission, Messieurs, vous demande d'exprimer le vœu que l'administration algérienne apporte sa plus vive sollicitude à l'exécution de la présente loi.

DISCOURS DE M. HUMBERT

A L'ASSEMBLÉE NATIONALE DANS LA SÉANCE DU 30 JUIN 1873

(Officiel du 1" juillet 1873, p. 4331 et suiv.).

Les principes du projet de loi ont été préparés par le gouvernement et par le conseil supérieur de l'Algérie; ils ont été adoptés, sauf de très légères modifications, par votre Commission à l'unanimité. Ces principes, Messieurs, sont très simples, et de nature, je crois, à entraîner votre complète approbation. Les voici :

D'abord, respect absolu du statut personnel et du droit de propriété individuelle des indigènes; puis, réserve complète de tous les droits acquis sous l'empire de la législation antérieure; constatation des droits de propriété individuelle *des indigènes* partout où ils existent déjà, et délivrance de titres réguliers; ailleurs, là où fonctionne la propriété collective, organisation de la propriété individuelle et délivrance de titres nouveaux; enfin, application du statut réel français de notre code civil aux droits ainsi reconnus ou *établis pour la première fois*. Tels sont, dans une formule générale, les principes directeurs de notre projet de loi.

Cette entreprise est à la fois légitime, et à nos yeux, nécessaire; enfin les mesures qui vous sont proposées répondent aux besoins de la colonisation et aux intérêts les plus sacrés de la France, car aujourd'hui notre pauvre patrie n'a plus le droit de négliger aucun des éléments de sa grandeur passée. (Très bien! très bien!)

D'abord, l'entreprise de cette loi est éminemment légitime. On a voulu jadis élever quelques doutes, au nom du statut réel arabe, contre la compétence du législateur français, c'est-à-dire le droit d'établir des règles nouvelles en cette matière.

Ces doutes n'ont pas résisté à un examen sérieux au sein de votre Commission. Et, en effet, il faut se rappeler que depuis longtemps et en vertu de textes formels, le sol de l'Algérie a été déclaré une terre française. Rappelez-vous, à cet égard, l'article 108 de la Constitution de 1848, qui s'était prononcé sur ce point de la manière la plus expresse. Bien plus, en vertu du sénatus-consulte du 14 juillet 1865, les arabes sont aujourd'hui sujets français sans être citoyens.

La combinaison de ces principes démontre jusqu'à l'évidence qu'il serait parfaitement légitime aujourd'hui d'appliquer la règle de l'article 3 du Code civil, règle dont le sens est celui-ci : le statut réel, c'est-à-dire l'ensemble des règles qui établissent l'organisation et la transmission de la propriété immobilière, le statut réel français régit les immeubles même possédés par des étrangers, à plus forte raison quand ces immeubles sont entre les mains des Français.

Le statut réel musulman a été, il est vrai, maintenu par une série d'ordonnances et de lois et même par le sénatus-consulte de 1863; mais ce n'était là qu'une mesure transitoire et manifestement inspirée, soit par des motifs politiques, soit par des raisons tirées de la nécessité de mieux connaître la situation de l'Algérie, la loi musulmane et, enfin, de surmonter les obstacles préliminaires.

Aujourd'hui, ces raisons de surseoir ont complètement disparu. Pourrait-on invoquer contre nous les termes de la capitulation d'Alger? Ils ne peuvent pas détruire notre compétence législative.

En effet, voici le texte de cette capitulation :

« L'exercice de la religion mahométane restera libre; la liberté des habitants de toutes les classes, leur religion, leurs propriétés, leur commerce et leur industrie ne recevront aucune atteinte; leurs femmes seront respectées. »

Que résulte-t-il du texte de cette capitulation? Uniquement qu'il y a lieu d'appliquer aux Musulmans les principes du droit public français. Incontestablement, nous respectons chez eux la liberté de conscience et la liberté des cultes, et par conséquent, nous avons conservé le statut personnel musulman qui dérivait, dans une certaine mesure, de la religion mahométane. Nous avons promis de respecter les propriétés des Arabes. Quel est le sens de cette phrase? Il s'agit de sauvegarder les droits acquis, les biens qui sont dans leur patrimoine; mais cette clause n'entraîne nullement pour nous une aliénation de notre souveraineté; mais nous n'avons nullement entendu nous interdire de légiférer sur le statut réel à l'égard du sol qui est pour nous l'objet de la conquête et des traités les plus sacrés. (Très bien! très bien!)

Au surplus, c'est là une question abstraite, plutôt subtile que pratique, et sur laquelle je n'insisterai pas longtemps; je veux vous produire des faits et des arguments qui démontrent jusqu'à la dernière évidence que la question est aujourd'hui tranchée dans la pratique par une série d'actes législatifs.

Je me bornerai, Messieurs, à vous citer à cet égard l'ordonnance du 1" octobre 1844 qui, sous le règne de Louis-Philippe, a commencé à organiser la propriété en Algérie au moyen de mesures très sages et parfaitement étudiées.

L'article 3 de cette ordonnance déclarait que, dans le cas d'aliénation faite au profit d'Européens, les causes de nullité fondées sur le droit musulman ne pourraient être opposées. Il y a donc déjà dans cette hypothèse des dérogations au statut réel musulman.

J'ajoute qu'une ordonnance du 31 octobre 1845 a établi en matière de séquestre une législation éminemment importante, compliquée et étendue, qui se compose d'un très grand nombre d'articles.

Puis le 21 juillet 1846 est intervenue une autre ordonnance qui a ordonné de vérifier les titres de propriété dans les territoires civils et prescrit la délivrance de nouveaux titres au profit des propriétaires indigènes.

J'arrive enfin à une loi célèbre, la loi du 16 juin 1851, rendue par l'Assemblée législative.

Quel est le titre de cette loi? Elle est intitulée : Loi sur la propriété en Algérie. Elle contient de graves modifications au statut réel des Arabes, notamment dans ses articles 16 et 17. C'est ainsi qu'elle ordonne, dans l'article 16, que désormais les aliénations entre non Musulmans seront régies par le Code civil français; dans l'article 17, elle détruit en quelque sorte le droit de cheffâ ou droit de retrait opposable aux acquéreurs; elle fait disparaître dans une certaine mesure le droit de habbous, qui est une sorte de substitution au profit d'établissements religieux.

Il y a déjà là des dispositions qui empiètent de la façon la plus énergique sur le statut réel musulman. J'ajoute une dernière preuve à l'appui de ma thèse : le sénatus-consulte du 22 avril 1863 portant pour titre : «Organisation de la propriété en Algérie,» ordonne la délimitation des territoires des tribus, et du territoire des douars, et leur répartition entre différents ayants droit suivant la proportion des surfaces dont ils avaient la jouissance auparavant.

Il y a là un statut réel au plus haut degré. En conséquence, à moins de faire table rase des actes législatifs intervenus depuis 1830, à moins de créer le chaos juridique, il est impossible aujourd'hui de contester la compétence du législateur français en matière de statut réel indigène. (Approbation à gauche.)

Je crois avoir démontré la première partie de ma proposition; j'arrive au second point. Il s'agit de prouver que la loi actuelle est nécessaire.

Cette nécessité se justifie par des motifs tirés soit de l'ordre politique, soit de l'ordre économique, soit enfin des principes mêmes de la jurisprudence, des vérités de la science juridique.

D'abord, Messieurs, au point de vue politique, vous savez qu'il existe en Algérie deux éléments juxtaposés, l'élément européen et l'élément arabe. Or, il est important, au point de vue de la sécurité de notre colonie, et au point de vue de notre domination, de rapprocher autant que possible ces deux éléments, de les assimiler dans la mesure de ce que permettent les circonstances.

Actuellement il existe, à côté de ces deux éléments personnels, deux statuts réels entièrement différents, le statut réel français et le statut réel musulman. Or, la diversité de ces statuts et les conflits qui peuvent en résulter imposent, au point de vue des transactions immobilières, des obstacles infranchissables qui ne permettent pas la pénétration réciproque de ces deux éléments de la population. Il ne faut pas maintenir l'équilibre de ces deux statuts réels. La politique commande d'assurer la prépondérance à la législation française, législation éminemment supérieure à tous les points de vue, parce qu'elle offre le plus de garantie à l'ordre social, à la paix publique, à la sécurité générale, enfin parce qu'elle est la législation adoptée par tous les peuples civilisés et chrétiens. (Approbation à gauche.)

Il est incontestable que le développement de la richesse coloniale et la prospérité de la colonie demandent une réforme dans l'organisation du système territorial.

En effet, Messieurs, l'état actuel de la propriété en Algérie présente les plus graves inconvénients au point de vue de la production agricole. Dans la plupart des tribus, sauf celles de Kabylie et quelques autres, la jouissance de la propriété est éminemment collective; le sol est exploité en commun, soit par la tribu, soit par les douars, et il est exploité à l'aide d'un outillage primitif, par des moyens insuffisants et avec un zèle que ne vient pas aiguillonner le sentiment si vif, si puissant de la propriété individuelle. Voilà la vérité. (Assentiment sur plusieurs bancs.)

J'ajoute, que le communisme agricole qui existe aujourd'hui en Algérie, est incompatible avec les progrès de la culture, d'autant plus que le statut réel n'offre aucune base pour établir le crédit et faire réaliser les améliorations nécessaires à la production agricole.

Sans vouloir restreindre le système du pacage chez les Arabes, qui peut s'exercer d'ailleurs dans des communaux très vastes et dans des terres de parcours qui sont véritablement immenses, je crois qu'il est indispensable de rétablir, de revivifier la culture agricole qui avait fait de l'Afrique le grenier de Rome et de l'Italie; il faut, Messieurs, la rétablir dans cette province d'Afrique que les conquérants arabes avaient appelée autrefois la verdoyante; il faut y reconstituer la propriété individuelle du droit romain, si nous voulons avoir une colonie florissante comme celle de l'Afrique sous les Romains. (Nouvelle approbation.)

J'ajoute que, s'il est une vérité économique incontestable, c'est que le propriétaire seul fait la terre. Or, Messieurs, rendez propriétaires cette foule de Musulmans, cette masse d'indigènes, vous les transformerez en cultivaleurs persévérants, attachés au sol et paisibles; avec la richesse leur viendra l'amour de l'ordre, l'amour de la paix, de la sécurité.

Vous aurez substitué à la féodalité turbulente du chef de tente une foule de petits propriétaires amoureux de leur possession, de leur champ, et qui seront dévoués à la sécurité sociale, parce que pour eux le désordre est une cause de ruine et de perte irrémédiable. (Très bien! très bien!)

Si vous persévérez dans cette voie, vous arriverez à transformer les Arabes presque en cultivateurs français, c'est-à-dire que vous les aurez rendus les ennemis irréconciliables de toute agitation stérile. (Très bien!)

Il nous reste encore pour compléter notre œuvre, à démontrer que la loi est favorable, au point de vue juridique, au développement d'une législation supérieure.

En effet, le statut réel musulman affecte-t-il les conditions d'une législation suffisante aux besoins d'une société bien organisée? Je ne le crois pas.

Au point de vue de la preuve, vous n'avez qu'une réglementation entièrement défectueuse. L'acquéreur, en vertu d'une convention prouvée par témoins, peut l'emporter sur le propriétaire ayant à sa faveur un acte ayant date certaine.

En outre, une foule de conditions résolutoires s'opposent à la consolidation de la propriété. Il y a des droits de chefâa, de habbous, une foule de droits réels, comme il y en avait dans une grande partie de la France, avant la réforme de 1790, qui sont un véritable obstacle au point de vue du progrès agricole et économique et au point de vue des transactions.

J'ajoute que cette législation ne présente pas les caractères de publicité au point de vue de la transmission; toute translation de propriété est occulte; par conséquent les bases mêmes du statut réel, c'est-à-dire la publicité, la sécurité de la propriété, n'existent pas en Algérie.

Cette législation est-elle suffisante? Je ne le pense pas. Sur ce point j'ai consulté notre savant rapporteur, M. Warnier. Personne mieux que lui ne connaît l'Algérie et les Arabes. M. Warnier m'a dit que le droit musulman se composait de quelques principes vagues, généraux, puisés dans le Coran; mais sur ces principes comme bases s'est établie toute une végétation, en quelque sorte, de décisions partielles, d'opinions jurisprudentielles et de commentaires de jurisconsultes.

Tout cela a été recueilli au quinzième siècle par un uléma égyptien qui s'appelle Sidi Khalil, et un précis de son œuvre a été rédigé pour être mis entre les mains des tribunaux musulmans.

Or, Messieurs, est-ce là une véritable législation? Ce n'est qu'une sorte de digeste de qualité inférieure, où se trouvent accumulées des décisions spéciales, variables, contradictoires, et que les cadis savent bien modifier et interpréter au gré de leurs caprices. C'est à peine si la Cour d'Alger parvient à faire la lumière à travers cette forêt de décisions contradictoires. Ce droit musulman n'est autre chose qu'un chaos législatif. (C'est vrai! — Très bien! sur divers bancs.)

Pouvons-nous le maintenir en Algérie? Je ne le crois pas.

J'arrive ici à vous prouver que les mesures que propose le projet sont en harmonie avec le but indiqué.

Pour faire comprendre ma pensée, il est nécessaire que, en très peu de mots, je vous fasse voir, toujours d'après le savant rapport de M. Warnier, auquel je vous renvoie, quel est l'état actuel des terres en Algérie. Il y a environ 40 millions d'hectares; mais, sur ces 40 millions il existe 26 millions d'hectares de terre dans le Sahara et 14 millions seulement dans la région du Tell algérien.

Comment se trouve répartie cette quantité considérable de terres? On peut les classer, au point de vue du droit, en trois catégories principales :

La première comprend les terres qui appartenaient au bey, c'est-à-dire au souverain, elle contient, je crois, 1 million 500,000 hectares environ. Naturellement le domaine de l'État a succédé aux droits du bey.

Les terres de la deuxième classe appartiennent à la communauté musulmane, Bled-el-Islam ; elles sont également très considérables, se composent de landes, de forêts, de steppes de toutes natures. Sur elles le bey avait conservé un droit de libre disposition, et ce droit a naturellement passé au gouvernement français ; ces terres comprennent encore 3 millions d'hectares.

J'arrive enfin à la troisième catégorie, celle qui nous importe le plus en ce moment. Cette troisième catégorie contient les terres qui étaient affectées à la jouissance soit des tribus, d'une façon collective, soit des familles, soit des particuliers ; mais ici nous devons faire une sous-distinction capitale, sur laquelle j'appelle toute votre attention. Il y a des terres d'une première espèce qui sont des terres arch ou bled-el-arch, des terres de tribu.

Or, voici quel est le caractère de ces territoires ? Ils avaient été concédés par le bey d'une manière inaliénable, mais à titre précaire et toujours révocable.

La jouissance collective des terres arch, par conséquent, ne constituait pas une véritable propriété au profit des indigènes. Or, il y a en Algérie environ cinq millions d'hectares de terres de cette catégorie, dont la possession n'était que précaire, révocable et exploités d'une manière collective par les tribus.

A côté de ces terres, s'en présente une seconde espèce, ce sont les *terres melk*, c'est-à-dire qui ne sont pas empreintes du même caractère de précarité. Il y a des melk d'origine romaine ou traditionnelle, qui sont presque de véritables propriétés privées comme les nôtres ; il y a aussi des melk d'origine musulmane. Ces terres comprennent, les unes 3 millions, les autres 1 million 500,000 hectares, et elles constituent la partie de terrains soumise à une sorte de propriété privée.

Je dis à une sorte de propriété privée, car il paraît que, même sur les terres de cette nature, sur les terres melk, le bey s'était réservé une sorte de domaine éminent, qui était consacré par le payement d'un impôt et au moyen d'une investiture accordée au concessionnaire, par exemple par le dépôt d'un cachet sur le titre lors du changement de souverain.

Voilà, Messieurs, quelle est la situation des terres en Algérie.

La propriété véritable, en outre, est constituée dans les communes urbaines, naturellement ; elle l'a été dans certains territoires civils en vertu de l'ordonnance du 21 juillet 1846, et enfin dans un petit nombre de tribus qui avaient été l'objet de cantonnements. Telle est la situation.

La France était, en 1863, en présence d'un certain nombre de propriétés privées qui, en général, étaient dépourvues de titres réguliers et puis d'une grande quantité de terres exploitées d'une manière collective par des concessionnaires qui n'avaient qu'un titre précaire et révocable. C'est ce système qu'a voulu faire cesser le célèbre sénatus-consulte du 22 avril 1863, dont voici une rapide analyse :

Dans son article 1er, ce sénatus-consulte déclarait que les territoires des tribus de l'Algérie leur appartiendraient en propriété quelle que fût la jouissance traditionnelle qu'elles avaient exercées jusqu'à présent. Ainsi à quelque titre que les tribus eussent possédé leurs territoires, d'après l'article 1er du sénatus-consulte de 1863, elles en étaient déclarées propriétaires. C'était élever les terres arch, possédées à titre précaire, à la condition des terres melk, en ce sens que ces propriétés arch n'étaient plus sujettes à révocation de la part du souverain.

L'article 2 du sénatus-consulte ordonnait : 1° la délimitation de tous les territoires des tribus ; 2° la délimitation également des douars, c'est-à-dire la réunion des tentes qu'on voulait transformer en communes ; 3° une distribution de propriétés individuelles entre les ayants droit, à raison de la culture qu'ils avaient exercée auparavant.

Telles sont les dispositions fondamentales de l'article 2 du sénatus-consulte. *Seulement, la dernière disposition de cet article ne doit s'appliquer d'une manière définitive et formelle que là où la propriété individuelle n'existait pas déjà.*

L'article 5 avait réservé non seulement les droits de l'État, mais aussi les droits des douars sur les communaux, et enfin les droits qui pourraient appartenir à des particuliers sur des biens melk.

Voilà les dispositions principales du sénatus-consulte.

J'ajoute que, par un article 6, ce sénatus-consulte avait autorisé les aliénations de propriétés dans les tribus qui, jusqu'alors, avaient été interdites par la loi de 1851.

Ces dispositions si sages, si progressives du sénatus-consulte de 1863 ont-elles reçu une exécution complète ? Malheureusement, non. D'abord, les aliénations permises par l'article 6 n'ont pas eu lieu, parce que le statut réel musulman a opposé des entraves à la libre aliénation des propriétés dans les tribus.

D'un autre côté, la constitution de la propriété individuelle n'a pas été parachevée. Les deux premières opérations prescrites par l'article 2 ont été exécutées dans la moitié des tribus ; quant à la troisième opération, celle relative à la constitution de la propriété individuelle, des travaux préparatoires ont eu lieu dans neuf tribus, mais pas au delà.

Je n'ai pas à rechercher les motifs de cette inexécution des dispositions du sénatus-consulte. Les uns tiennent aux vices des règlements d'administration publique qui ont été rendus en exécution du sénatus-consulte de 1863. Les autres proviennent de raisons politiques. Peu importe. Nous constatons simplement ce fait, que le sénatus-consulte n'a pas reçu sa pleine exécution, en ce qui concerne la constitution de la propriété individuelle. Aussi notre projet de loi a-t-il pour objet de reprendre et de réaliser la pensée contenue dans le sénatus-consulte de 1863.

La Commission et le Gouvernement n'ont pas entendu abroger le sénatus consulte ; ils en acceptent le principe, mais ils substituent le statut réel français au statut réel musulman ; c'est une innovation nécessaire.

D'un autre côté, par notre loi de procédure, nous avons substitué une forme plus rapide, plus claire, plus nette, à la forme du décret réglementaire du 25 mai 1833 ; c'est ce qu'il me reste, Messieurs, à vous indiquer d'une manière sommaire et très rapide. Je vous demande pardon de ces détails arides, mais ils étaient indispensables pour vous faire comprendre la portée du projet de loi. (Parlez ! parlez !)

Dans l'article 1er, nous avons maintenu la pensée fondamentale du projet du Gouvernement rédigé par l'honorable M. Dufaure ; nous avons appliqué en principe le statut réel français à tout ce qui concerne l'établissement, la conservation, la translation de la propriété immobilière, et des droits réels immobiliers en Algérie.

Seulement, nous avons, dans la forme, exprimé la même idée d'une manière positive, au lieu d'employer une forme négative ou *a contrario*, qui avait moins d'énergie, à mon avis. Le projet a proposé l'abrogation de tous les droits réels contraires à la législation française, parce qu'ils sont incompatibles avec la consolidation de la propriété immobilière, avec les bases d'une législation hypothécaire.

J'ajoute que nous allons un peu moins loin que le projet primitif du Gouvernement, mais avec son approbation postérieure. Au lieu d'abolir le droit réel de chefâa, nous l'avons restreint au retrait successoral, réglé par l'article 841 du Code civil.

Voici, Messieurs, très rapidement ce que c'est que le droit réel de chefâa ;

c'est un droit de retrait, de reprise, qui pouvait autrefois être exercé contre un acquéreur d'immeubles, non seulement par les copropriétaires de l'immeuble, mais par les héritiers, et de plus, par les membres du douar ou de la tribu. C'était un moyen de reconstituer et de maintenir l'unité morale et patrimoniale de la tribu.

Eh bien, le gouvernement avait proposé d'abroger complètement ce droit de chefâa, déjà soumis à l'appréciation des tribunaux; la Commission a voulu respecter les mœurs et coutumes des indigènes; nous avons restreint le droit de chefâa dans la limite du droit successoral tel qu'il a été établi par l'article 851 du Code civil; nous avons voulu, je le répète, respecter les mœurs des indigènes, dans la mesure du possible.

Je dois conclure de l'exposé qui précède, et notamment de l'article 1er, que le projet de loi établit en Algérie un système de preuves plus régulier et moins défectueux; il constitue la publicité et la sécurité de la transmission des droits réels formant les bases de tout régime hypothécaire; c'est-à-dire la publicité et la sécurité de la propriété !

Deux mots seulement sur l'article 2.

Il concerne le point de départ de l'application de la loi nouvelle. Cette loi nouvelle en principe est applicable à tout le territoire de l'Algérie, mais une disposition transitoire de l'article 32 ne l'applique en ce moment qu'au Tell délimité dans les tableaux annexés à notre loi.

Maintenant, quel sera le point de départ immédiat dans le Tell de l'application de la loi ?

Le projet conserve les règles du droit commun en thèse générale, c'est-à-dire que la loi française s'appliquera aux transactions immobilières à la suite de la promulgation de la loi. Ceci s'applique aux alinéas 1 et 2 de notre article; seulement dans une hypothèse exceptionnelle, c'est-à-dire *quand il s'agit de territoire où la propriété n'a pas encore été constituée et reconnue*, l'application de la loi a été suspendue jusqu'à la délivrance de titres réguliers, par le troisième alinéa de notre article deuxième.

J'appelle l'attention de l'Assemblée sur la disposition importante de l'article 3. Cette disposition n'est que l'application sérieuse des principes fondamentaux du sénatus-consulte. Notre article 3 distingue deux classes de possessions : d'abord les possessions qui sont l'objet d'une exploitation collective de tribu et ne sont pas une propriété individuelle, *et en second lieu les possessions privées qui présentent l'image d'une propriété française.*

Dans le premier cas, lorsqu'il s'agit de territoire où n'existent que ces propriétés collectives, le projet de loi, comme le sénatus-consulte de 1863, ordonne de constituer la propriété individuelle et de délivrer des lots aux ayants droit, c'est-à-dire, par exemple, aux chefs de famille, en proportion de la jouissance effective qu'ils avaient, suivant l'usage du pays.

A côté de cette propriété individuelle, le texte du projet de loi réserve les droits des communaux pour les douars ou communes nouvelles et les droits du domaine de l'État, conformément aux principes du droit commun déjà reconnus par le sénatus-consulte et par la loi de 1851.

Dans la deuxième hypothèse, c'est-à-dire *lorsqu'il s'agit de propriétés privées* proprement dites, nous nous bornons dans ce cas là, *toutes les fois que la propriété privée n'est pas constatée par des titres parfaitement réguliers*, à ordonner cette constatation en commandant la délivrance de nouveaux titres. Dans tous les cas, les titres délivrés seront sujets à la transcription, et à partir de cette époque, il y a un point de départ fixe pour l'établissement et la constatation de la propriété. Voilà, Messieurs, les dispositions de l'article 3.

Quant aux règles de détails, d'exécution, elles sont renvoyées au titre deuxième de la loi, qui n'est qu'une loi de procédure. Mais l'article 4 contient une disposition importante.

Elle décide qu'en cas d'indivision entre les propriétaires, par exemple entre descendants directs du père de famille, on appliquera pour le partage, les règles de l'article 815 du Code civil. Le projet du Gouvernement allait plus loin; il voulait en quelque sorte faire violence aux usages indigènes, en permettant au gouvernement d'intervenir et de contraindre les indigènes au partage. Nous avons abandonné, de l'avis même du gouvernement, cette disposition qui nous a paru incompatible avec la liberté civile, avec les véritables principes de la propriété; nous avons maintenu purement et simplement les règles de l'article 815 du Code civil : la division pourra être demandée par l'indigène qui voudra sortir de copropriété, et le partage pourra être suspendu, par convention, pour une époque qui ne doit pas excéder cinq ans. Tels sont les principes du droit commun.

L'article 5, Messieurs, n'est qu'une disposition fiscale qui n'a pas besoin d'explication.

Je passe immédiatement à l'article 6, qui est beaucoup plus important. Il s'agit de déterminer les autorités auxquelles sera confiée l'exécution du présent projet. Or, à cet égard, la Commission a distingué deux genres de questions parfaitement séparées. Toutes les fois qu'il s'agira de questions litigieuses, de difficultés contentieuses sur la propriété, ce sont les tribunaux civils seuls qui sont appelés à décider. Nous avons voulu maintenir au profit des Français, et surtout des indigènes, la garantie sacrée de la juridiction des tribunaux civils. (Très bien! à gauche.) Lorsqu'il s'agira, au contraire, d'opérations purement administratives, c'est-à-dire lorsqu'il s'agira soit de constituer la propriété individuelle, là où elle n'existe que collectivement, soit de délivrer des titres réguliers aux propriétaires qui n'en ont pas encore; comme il est question de milliers d'opérations, il est impossible de les confier aux tribunaux civils déjà surchargés. Eh bien, nous avons suivi les précédents de l'ordonnance du 21 juilllet 1846 qui donnait à l'autorité administrative le soin de faire les vérifications; il en était de même du sénatus-consulte de 1863 et du règlement d'exécution qui l'a suivi. Ce sont là les principes que nous avons consacrés dans l'article 6 du projet de loi.

Je termine par les dispositions de l'article 7. « Il n'est point dérogé par la présente loi au statut personnel ni aux règles de succession des indigènes entre eux. »

Cela n'a pas besoin de justification ; nous n'avons pas voulu porter atteinte à la liberté de conscience de l'indigène qui est la partie la plus importante de son statut personnel résultant du Coran et des termes de la capitulation d'Alger. Cela serait dangereux et impolitique. (Très bien! très bien! à gauche.)

Seulement nous n'avons pas été aussi loin que le projet primitif du Gouvernement qui, dans le cas de mariage mixte, avait voulu établir des règles particulières sur la forme, les conditions du mariage et ses effets quant aux enfants.

Nous nous sommes montrés plus ménagers des intérêts et des usages des indigènes; nous avons respecté d'une manière absolue leur statut personnel; nous ne changeons rien de ce qui concerne le mariage et les successions : d'abord parce que ce n'est pas l'objet de la loi. C'est une loi de propriété. Comment voudrait-on y introduire des dispositions relatives à l'organisation du mariage? En outre, il y aurait peut-être quelque danger politique à toucher quant à présent à leur statut personnel.

Vous voyez que la commission a cherché autant que possible à concilier les droits et les intérêts des indigènes avec les exigences de la législation et de la civilisation française. (Très bien! très bien!)

LOI DU 14 JUILLET 1879

RELATIVE A L'EXÉCUTION DE LA LOI DU 26 JUILLET 1873, SUR LA
CONSTITUTION DE LA PROPRIÉTÉ INDIGÈNE EN ALGÉRIE, EN CE
QUI CONCERNE LA TRANSCRIPTION DES TITRES, L'ENREGISTRE-
MENT ET LE TIMBRE, TANT DE CES TITRES QUE DES EXTRAITS
INDIVIDUELS A DÉLIVRER AUX AYANTS DROIT (1).

Art. 1ᵉʳ. — Les conservateurs des hypothèques, en Algérie, sont autorisés
à tenir un registre spécial, en double, exclusivement destiné à l'inscrip-

(1) *Chambre des députés.* — Présentation le 28 janvier 1878. Exposé des
motifs *(Journ. off.* du 7 févr., annexe, n° 340). Proposition de loi par les
députés de l'Algérie le 8 mars 1878 *(Journ. off.* du 14 mars 1878, annexe,
n° 469). Rapport de M. Jacques le 3 juin 1879 *(Journ. off.* des 22 et 24 juin,
n° 1462). Discusion et adoption le 12 juin *(Journ. off.* du 13).

Sénat. — Présentation le 14 juin 1879 *(Journ. off.* du 19, annexe, n° 215).
Rapport de M. Lucet le 1ᵉʳ juill. 1879 *(Journ. off.* du 2 et du 10 juill., annexe,
n° 269). Discussion et adoption le 8 juill. *(Journ. off.* du 9).

Exposé des motifs

(Art. 1ᵉʳ, § 1ᵉʳ). — L'art. 2200 du Code civil, modifié par la loi du 5 janvier
1875, prescrit la tenue, en double, d'un registre servant à constater le dépôt
des actes ou des bordereaux à transcrire, à mentionner ou à inscrire, plus
la délivrance, par chaque acte ou bordereau d'une reconnaissance, sur papier
timbré, extraite d'un registre à souche. La transcription consiste, aux termes
de l'art. 2181 du même Code, dans la production littérale, sans blancs ni
interlignes, sur un registre *ad hoc*, des actes présentés à la formalité.
L'art. 2201 assujettit, en outre, au timbre, tous les registres des conservateurs des hypothèques, qui restent comptables des droits vis-à-vis du
Trésor.
En dehors de la question fiscale concernant le remboursement des droits
du timbre, et dont il sera question plus loin, il a semblé que l'acomplisse-
ment, dans les conditions ordinaires, des deux formalités relatives au dépôt
et à la transcription des titres de propriété délivrés en exécution de la loi
du 26 juillet 1873 entraînerait infailliblement des lenteurs préjudiciables,
non seulement à l'application de la loi, mais encore à des intérêts complètement étrangers à la constitution de la propriété indigène.
En ce qui concerne le *dépôt* : Le service des domaines, chargé d'établir
les titres d'après les résultats du travail du commissaire enquêteur qui
embrassent l'ensemble d'une tribu ou d'un douar, devra nécessairement
suivre la même marche et soumettre ces titres à la formalité de la transcription par séries correspondant à chaque dossier, c'est-à-dire par tribu

tion, jour par jour et par ordre numérique, des remises qui leur seront faites des titres établis par le service des domaines, en exécution des art. 18 et 20 de la loi du 26 juillet 1873 sur la constitution de la propriété.

---

ou par douar. Le nombre de ces titres, qui comprennent chacun plusieurs attributaires, sera toujours considérable. Les conservateurs des hypothèques, qui peuvent être autorisés à ouvrir plusieurs registres pour la transcription, ne doivent tenir qu'un seul registre des dépôts, en double. Or, l'inscription sur ce registre de toute une série de titres, déposés simultanément, entraverait le service courant de la conservation, retarderait forcément la formalité à donner aux actes déposés par des tiers et pourrait ainsi compromettre des intérêts légitimes dont il y a lieu de se préoccuper. Le seul moyen d'obvier à cet inconvénient semble être d'autoriser, par dérogation aux prescriptions contenues dans l'art. 2200 modifié du Code civil, la tenue d'un registre de dépôt spécial aux titres de propriété délivrés en exécution de la loi du 26 juillet 1873. Cette mesure fait l'objet du paragraphe 1er de l'art. 1er du projet de loi ci-annexé.

En outre, le dépôt de ces titres devant être effectué à la conservation, aux termes de l'art. 5 de ladite loi, par le service des domaines, l'obligation imposée aux conservateurs, par la loi du 5 janvier 1875, de délivrer aux requérants une reconnaissance sur papier timbré, par chaque acte déposé, devient complètement inutile et entraînerait, d'ailleurs, des frais qui resteraient à la charge du Trésor. L'art. 2 a pour objet de dispenser les conservateurs de cette obligation.

(Art. 3, § 1 et 2). — En ce qui se rapporte à la *transcription* proprement dite : Malgré la faculté laissée aux conservateurs d'employer simultanément plusieurs registres à la transcription des actes, des difficultés matérielles d'exécution font qu'il y a généralement des retards dans l'accomplissement des formalités. Ces retards prendraient, sans aucun doute, des proportions exagérées, si le conservateur se trouvait dans la nécessité de transcrire littéralement et à la même date les centaines de titres dont se composera chaque série. Les règlements sur la tenue des registres hypothécaires n'ont pu prévoir des circonstances telles que celles résultant d'un remaniement complet de la constitution de la propriété sur des millions d'hectares ; c'est évidemment là une mesure exceptionnelle qui exige l'adoption de moyens d'exécution en rapport avec les obligations qui en résultent pour les conservateurs.

Les mesures d'ordre prescrites en matière de transcription ont principalement pour but : 1º de donner une date certaine à la formalité ; 2º d'assurer la conservation des conventions dans tout leur contexte et de permettre aux tiers intéressés d'en prendre communication.

La date certaine est garantie par l'inscription au préalable de chaque titre au registre des dépôts qui, seul, fait foi.

La conservation des conventions et la communication à en faire aux tiers intéressés pourraient être assurées en substituant à la transcription littérale de ces conventions telle qu'elle est prescrite par l'art. 2181 du Code civil, le dépôt au bureau des hypothèques du double de chaque titre. Ce mode de procéder amènerait une grande économie de temps et d'argent, car les formules imprimées, employées pour les minutes des titres et contenant les clauses générales, communes à chaque titre, permettraient au service des

Ce registre est exempt du timbre, mais il reste soumis aux formalités prescrites par l'art. 2201 du Code civil.

Art. 2. — L'obligation imposée par l'art. 1er, § 2 de la loi du 5 janvier 1873, de délivrer aux requérants une reconnaissance sur papier timbré par chaque acte à transcrire, n'est pas applicable aux dépôts faits par le service des domaines, des titres mentionnés dans l'article précédent. Les conservateurs ne seront tenus de fournir, pour chaque remise de titres, qu'une reconnaissance collective sur papier non timbré.

domaines, d'établir les doubles minutes très rapidement : ces doubles recevraient les mêmes annotations que celles portées sur les registres de transcription. Pour plus de garantie, ils seraient réunis en volume, par série, et reliés préalablement au dépôt.

Un décret déterminerait le taux de rémunération à allouer aux conservateurs, à titre d'indemnité, au lieu et place des salaires de transcription auxquels ils ont droit aux termes du décret du 9 juin 1866.

Ces diverses combinaisons font l'objet des paragraphes 1er et 2 de l'art. 3 du projet de loi.

(Art. 1er, § 2). — Ainsi qu'il a été dit plus haut, la transcription doit être opérée sans autre frais que le salaire du conservateur. D'un autre côté, l'art. 2201 du Code civil assujettit au *timbre* tous les *registres* des conservateurs des hypothèques. Si cette dernière disposition était maintenue à l'égard du registre des dépôts spécial, autorisé par l'art. 1er du projet, le Trésor serait dans la nécessité de rembourser d'un côté ce qu'il aurait perçu de l'autre, comme en matière d'expropriation pour cause d'utilité publique. Le budget du gouvernement général de l'Algérie se trouverait ainsi grevé d'une charge nouvelle et imprévue sans aucun profit pour l'État. Rien ne semble donc s'opposer à ce que le registre des dépôts soit exempt du timbre, sauf à rester soumis aux autres formalités de cote, de paraphe et d'arrêtés, prescrites par l'art. 2201 du Code civil. Le paragraphe 2 de l'art. 1er du projet de loi prononce cette exemption.

(Art. 4, § 1er). — La loi du 26 juillet 1873 prévoit le paiement des *droits d'enregistrement des titres*, dont l'art. 5 fixe le taux uniformément à 1 franc par titre. Le conseil du gouvernement a pensé que ce droit, insignifiant pour le Trésor, serait d'un recouvrement difficile, en raison même du nombre des ayants droit dénommés dans chaque titre et de l'impossibilité de répartir entre eux une somme aussi minime. Le but principal de la loi est d'arriver rapidement à la constitution de la propriété, de manière à faciliter les mutations. Toute mesure susceptible d'entraver la délivrance des titres retarderait les transactions, et, par suite, l'accroissement de produits qui doit en être la conséquence au profit du Trésor. Le paragraphe 1er de l'art. 4 du projet de loi, rapportant le paragraphe 1er de l'article de la loi du 26 juillet, dispose donc que les minutes des titres seront enregistrées gratis.

(Art. 4, §§ 2 et 3). — La loi du 26 juillet est muette sur l'exigibilité des *droits de timbre* applicables aux *titres de propriété*; mais, à défaut d'une clause formelle en prononçant l'exemption, ces droits sont dus par application de l'art. 12 de la loi du 13 brumaire an VII. Les mêmes considérations qui ont amené à proposer l'enregistrement gratis ont motivé les paragraphes 2 et 3 de l'art. 4, qui ont pour effet d'exempter de la formalité du timbre, tant les minutes des titres que les doubles à déposer à la conservation des

4

Art. 3. — Par dérogation aux prescriptions contenues dans l'art. 2181 du Code civil, les conservateurs sont dispensés de transcrire ces mêmes titres. La transcription sera remplacée par le dépôt, à la conservation, du double de la minute de chaque titre. Ces doubles, réunis en volume, préalablement au dépôt, recevront les mêmes annotations que celles portées sur les registres de transcription. Chaque volume sera, également avant le dépôt, coté et paraphé, conformément aux prescriptions contenues dans l'article 2201 du Code civil.

---

hypothèques, en exécution de l'art. 3, plus les extraits individuels de ces titres, qui seront remis à chaque intéressé en attendant la délivrance d'une expédition en due forme et tant qu'il n'en sera pas fait usage à l'appui d'actes publics, privés ou de demandes en justice.

Mais ces expéditions resteront soumises à la règle générale, et, par conséquent, au timbre.

Salaire du conservateur. — Il résulte de l'ensemble des dispositions dont l'analyse précède, que, pour les conservateurs, l'enregistrement des dépôts et la rémunération à leur allouer, d'après le paragraphe 2 de l'art. 2 du projet, seraient les seuls frais prévus par l'art. 18 de la loi du 26 juillet, laissés à la charge des titulaires. Or, l'art. 24 de cette loi « dispose que les dépenses de toute nature nécessitées par la constatation et la constitution de la propriété individuelle indigène sont, dans chaque département, à la charge du budget des centimes additionnels des tribus. Il n'a pas paru opportun de maintenir une exception à cette règle générale pour une seule des dépenses résultant de l'application de la loi du 26 juillet, et, sur l'avis conforme du conseil du gouvernement, le paragraphe de l'art. 3 du projet porte que la rémunération et le salaire dus aux conservateurs seront prélevés, comme les autres dépenses, sur le budget des centimes additionnels.

La Commission de la Chambre des députés, saisie du projet de loi dont l'exposé des motifs vient d'être reproduit, a eu aussi à examiner un contre-projet déposé par les députés de l'Algérie dans la séance du 8 mars 1878, contre-projet qui reproduit en entier celui du gouvernement, en y ajoutant deux articles destinés à interpréter la partie de la loi du 26 juillet 1873 concernant les n°s 8 et 50 des instructions du gouverneur général et à faire cesser l'indivision dans les territoires arch.

Ces deux articles sont ainsi conçus :

« Art. 1er. — Dans tous les territoires où la propriété collective aura été constatée au profit d'une tribu ou d'une fraction de tribu, il sera, en exécution de la loi du 26 juillet 1873, procédé à l'établissement de la propriété individuelle, sans distinguer entre les territoires melk et les territoires arch.

» Art. 2. — La propriété du sol de ces territoires sera, en exécution de l'art. 3 de la même loi, attribuée aux membres de la tribu ou du douar dans la mesure des surfaces dont chaque ayant droit a la jouissance effective de la manière suivante : Si les parcelles sont occupées par un seul ayant droit, père de famille ou non, il sera reconnu seul propriétaire, et le titre de propriété lui sera délivré. Si elles sont occupées par plusieurs ayants droits, membres d'une famille ou étrangers l'un à l'autre, les parts proportionnelles revenant à chacun des occupants seront déterminées, et il sera immédiatement procédé sur les bases indiquées au paragraphe précédent à la division de la propriété en autant de lots qu'il y aura de copartageants.

Chaque double numéroté, en exécution de l'art. 17 de la loi du 21 ventôse an VII, sera, en outre, revêtu d'une mention constatant l'accomplissement de la formalité. Cette mention sera datée et signée par le conservateur, qui la reproduira sur la minute du titre.

Un décret déterminera le taux de la rémunération à allouer aux conservateurs, aux lieu et place des salaires de transcription auxquels ils ont droit aux termes du décret du 9 juin 1866.

Cette rémunération et le salaire dû pour l'enregistrement des dépôts seront prélevés, comme les autres dépenses, sur les centimes additionnels à l'impôt arabe spécialement affectés aux frais résultant de la constitution de la propriété indigène.

Art. 4. — Les minutes des titres à établir, en exécution de l'art. 3 de la loi du 26 juillet 1873, seront enregistrées gratis.

Les minutes, ainsi que les doubles à déposer à la conservation des hypothèques, en exécution de l'art. 3 ci-dessus, et les plans à l'appui seront exemptés du timbre.

La même exemption s'applique aux extraits individuels des titres de propriété que délivreront les directeurs des domaines aux titulaires dénommés dans chaque titre, tant qu'il n'en sera pas fait usage à l'appui d'actes publics ou privés, ou de demandes en justice, auxquels cas ils devraient être préalablement soumis à la formalité.

Les lots seront délimités sur le terrain ; ils devront être d'une étendue ou d'une valeur proportionnelle aux droits de chacun. Les lots attribués aux copartageants ayant des droits égaux seront tirés au sort, à moins que les copartageants ne soient d'accord sur les attributions respectives. »

Ce contre-projet fut communiqué au conseil du gouvernement qui, après avoir entendu les rapports de deux de ses membres et les avoir discutés, a, dans la séance du 9 mai 1878, émis l'avis :

« 1° Qu'il n'y a pas lieu de donner suite aux art. 1 et 2 du projet présenté par la députation algérienne ;

» 2° Qu'il y a lieu, au contraire, d'appuyer les art. 3 à 6 concernant la transcription des titres ;

» 3° Que les instructions générales du 1er juillet 1875 doivent être modifiées en prenant pour base des modifications à introduire l'interprétation de l'art. 3 de la loi du 26 juillet 1873 ;

» 4° Qu'il y a lieu de terminer le plus promptement possible l'étude des projets concernant les licitations et partages entre Musulmans et l'attribution des noms patronymiques aux familles indigènes. »

En conséquence, les députés de l'Algérie, prenant acte de l'interprétation du conseil du gouvernement, en tous points semblable à la leur, et voulant hâter autant que possible le vote de la loi sur la transcription, ont renoncé, quant à présent, à leur contre-projet, tout en regrettant que les nouvelles instructions annoncées, et qui devaient leur être soumises, n'aient pas encore été rédigées.

LOI DU 28 AVRIL 1887

AYANT POUR OBJET DE MODIFIER ET DE COMPLÉTER LA LOI DU
26 JUILLET 1873, SUR L'ÉTABLISSEMENT ET LA CONSERVATION
DE LA PROPRIÉTÉ EN ALGÉRIE

Art. 1er. — Il est apporté à la loi du 26 juillet 1873 les modifications et additions suivantes :

Art. 2. — Il sera procédé administrativement et dans le plus bref délai, suivant les formes et conditions qui seront déterminées par un décret, aux opérations de délimitation et de répartition prévues par les §§ 1 et 2 de l'art. 2 du sénatus-consulte du 22 avril 1863, dans toutes les tribus où ces opérations n'ont pas déjà été exécutées.

Art. 3. — En cas d'indivision entre plusieurs familles, constatée au cours des opérations prescrites par le chapitre Ier du titre II de la loi du 26 juillet 1873, il sera procédé, dans les formes organisées par la dite loi, à la répartition, entre ces familles, des immeubles commodément partageables.

Art. 4. — Il ne pourra être procédé que dans les conditions et les formes de la loi française aux cessions, licitations et partages de droits successifs portant sur des immeubles soumis à la loi du 26 juillet 1873.

Art. 5. — Un délai complémentaire de 45 jours, à partir de la transcription du titre français, est accordé à tout créancier hypothécaire ou prétendant à un droit réel sur l'immeuble, pour remplir les formalités d'inscription ou de transcription prescrites par l'art. 19 de la loi du 26 juillet 1873.

Les inscriptions prises et les transcriptions faites après l'expiration de ce délai ne vaudront, à l'égard des tiers, qu'à partir de leur date.

Art. 6. — Les formalités spéciales prescrites par les art. 25, 26, 27, 28 et 30 de la loi du 26 juillet 1873, pour la transmission par des indigènes à des Européens d'immeubles constituant des propriétés privées, au cas où la transmission aurait lieu avant la délivrance des titres, sont ainsi modifiées :

Le contrat sera reçu par un notaire. Un plan indiquant les tenants et aboutissants de l'immeuble vendu y sera annexé. Un extrait de ce même contrat sera remis à l'administration des domaines, avec la copie du dit plan.

Pareil extrait, avec une copie du plan, sera déposé au greffe de la justice de paix de la situation des biens en vue du bornage de l'immeuble.

L'acquéreur devra consigner au greffe une somme égale au montant des frais présumés des opérations ci-après indiquées.

Les opérations de bornage seront, à la diligence du greffier, portées au moins 20 jours à l'avance :

1° A la connaissance du public, par l'insertion aux journaux et la publication, dans les conditions et aux fins énoncées à l'art. 8 de la loi du 26 juillet 1873, d'une copie du dit extrait mentionnant la date fixée pour le bornage par le juge de paix ;

2° A la connaissance de l'administration des domaines, par un avis spécial adressé au directeur sous pli chargé.

Le juge de paix, assisté de l'acquéreur, procédera au bornage, en présence du vendeur ou lui dûment appelé, conformément aux limites indiquées au contrat et au plan.

Le procès-verbal de l'opération constatera l'accomplissement des formalités de publicité et contiendra les réclamations et revendications formulées par les tiers intervenants ; la date de sa clôture sera portée à la connaissance du public et de l'administration des domaines, dans la même forme que la date de l'ouverture des opérations.

Toute nouvelle réclamation ou revendication devra, à peine de déchéance, être formulée entre les mains du greffier, dans le délai de 45 jours, à dater de celui où la clôture du procès-verbal de bornage aura été rendue publique. Elle sera inscrite à la suite du procès-verbal, et avis en sera donné à l'acquéreur et au vendeur, à leur domicile élu, par lettre chargée à la poste.

A défaut de réclamation ou revendication, le certificat négatif prévu par l'art. 30 sera délivré par le juge de paix.

Au vu du certificat négatif délivré par le juge de paix, l'administration des domaines délivrera les titres de propriété, comme il est dit à l'art. 30 de la loi de 1873, et le service des contributions directes sera tenu d'établir, au vu de ces titres, la matrice foncière.

Art. 7. — Les immeubles dépendant des territoires de propriété collective où les opérations prescrites par le chapitre II du titre II de la loi du 26 juillet 1873 n'ont pas encore été commencées pourront donner lieu à des promesses de vente au profit d'Européens, à la charge par l'un des contractants de se mettre en instance, dans le délai de trois mois, pour obtenir de l'administration la délivrance d'un titre de propriété. Passé ce délai, faute de requête en délivrance de titre, la promesse de vente sera nulle de plein droit.

Art. 8. — La requête en délivrance de titre sera appuyée d'un extrait du contrat notarié, du plan de l'immeuble et de la consignation des frais.

Au plus tard un mois après le dépôt de la requête, il sera procédé à une enquête par l'administrateur du territoire ou l'un de ses adjoints. Vingt jours au moins à l'avance, l'ordonnance indiquant le jour de cette enquête sera insérée au *Journal officiel de l'Algérie*.

Elle sera, en outre, affichée et publiée suivant les formes et aux fins énoncées à l'art. 8 de la loi du 26 juillet 1873, en même temps qu'avis en sera donné à l'administration des domaines dans les formes prévues par l'art. 6.

Art. 9. — Le procès-verbal de cette enquête, qui sera suivie d'un bornage, restera déposé à la mairie pendant le délai de 45 jours aux fins indiquées aux art. 14 et 15 de la dite loi. La traduction en arabe sera déposée, pendant le même délai, entre les mains du cadi. Ce dépôt sera porté à la connaissance des intéressés par un avis affiché au chef-lieu de la commune et par des publications sur les marchés de la tribu.

Le lendemain de l'expiration du délai, le commissaire enquêteur se transportera sur les lieux, à l'effet de vérifier l'objet des réclamations et d'arrêter définitivement ses conclusions sur ces réclamations, et, en général, sur tous les droits réels pouvant affecter l'immeuble, objet de la requête.

Art. 10. — L'homologation du procès-verbal de la dite enquête et l'établissement des titres auront lieu dans les conditions déterminées par l'art. 20 de la loi du 26 juillet 1873 et par la loi du 14 juillet 1879.

Le service des contributions directes sera tenu d'établir, au vu des titres, la matrice foncière de l'immeuble.

Art. 11. — Les immeubles appartenant aux indigènes pourront, après l'accomplissement des opérations du titre II de la loi du 26 juillet 1873, être partagés ou licités pour la première fois suivant les formes spéciales ci-après, à la requête de tout copropriétaire, tuteur ou curateur et de tout créancier de l'un des copropriétaires.

Art. 12. — Si les parties sont d'accord et capables de contracter, le partage aura lieu par acte passé devant un notaire ou un greffier notaire.

Art. 13. — Si, parmi les ayants droit indigènes, se trouvent des incapables et des absents, le partage aura lieu dans la même forme, avec le concours de leurs tuteurs ou des cadis, leurs représentants légaux ; mais il ne sera définitif qu'après avoir été homologué par le tribunal de première instance, en chambre du conseil, sur les réquisitions écrites du procureur de la République.

Art. 14. — S'il s'élève des contestations pendant les opérations du partage amiable, le notaire dressera procès-verbal des difficultés et des dires respectifs des parties. Le procès-verbal sera déposé au greffe du juge de paix de la situation des biens, qui statuera en premier ressort. L'appel, s'il y a lieu, sera porté devant le tribunal compétent.

Art. 15. — Si les parties ne sont pas d'accord pour un partage amiable, il y sera procédé judiciairement, conformément aux art. 966 et suivants du Code de procédure civile, sauf les modifications ci-après.

Art. 16. — Toute action en partage ou en licitation devra, à peine d'une amende de 100 fr. contre l'officier ministériel qui l'aura introduite et de tous dommages-intérêts, être précédée de la nomination d'un représentant unique des défendeurs indigènes, à l'encontre duquel la procédure sera valablement suivie.

Cette nomination sera faite, à la requête du poursuivant, par le juge de paix de la situation des biens, sur la désignation des intéressés, convoqués par lui dans les formes établies en matière de justice musulmane, ou d'office, en cas de désaccord ou de non comparution. La décision du juge de paix ne sera pas susceptible d'appel.

Art. 17. — Il n'y aura, de même, qu'un seul défenseur ou avoué pour tous les défendeurs indigènes, à moins que, dans le cours de la procédure, il ne surgisse des incidents qui, en raison des oppositions d'intérêts, rendraient nécessaires la constitution d'autres officiers ministériels et la désignation d'un représentant spécial pour chaque groupe ayant le même intérêt.

Le tribunal, lorsqu'il reconnaîtra cette nécessité, renverra les parties devant le juge de paix, qui statuera sur le vu d'une simple expédition du jugement et dans la forme de l'art. 16 ci-dessus.

Art. 18. — Les partages et licitations, accomplis suivant les formes qui précèdent, produiront les effets déterminés par les art. 883 et suivants du Code civil, et ne pourront être attaqués que pour les causes et dans les conditions prévues par les art. 887 et suivants du même Code.

Art. 19. — Dans les partages et licitations opérés en exécution des art. 12 et suivants de la présente loi, il ne sera passé en taxe aux notaires, greffiers notaires, défenseurs ou avoués que leurs déboursés, avec des honoraires qui seront fixés d'après un tarif réduit proportionnellement à la valeur des immeubles partagés ou au montant de l'adjudication.

Un décret ultérieur déterminera les tarifs.

Art. 20. — Tous les actes faits et les jugements rendus, en exécution des art. 11 et suivants de la présente loi, dans les cinq ans qui suivront la transcription des titres administratifs, seront exempts du timbre et enregistrés gratis. Pour les titres transcrits antérieurement à la promulgation de la présente loi, le délai de cinq ans courra du jour de cette promulgation.

Art. 21. — Les frais occasionnés par les opérations de délimitation et de répartition des territoires des tribus seront portés en dépenses au compte spécial : « Avances au service de la propriété individuelle indigène en Algérie », ouvert par l'art. 1er de la loi du 28 décembre 1884.

Il sera pourvu au remboursement de l'avance de 1 million 560,000 fr. autorisée par cette dernière loi, ainsi qu'au remboursement des frais de délimitation et de répartition autorisés par la présente loi, au moyen, savoir :

1° Des centimes additionnels à l'impôt arabe, établis par le décret du 27 juillet 1875, et dont la perception continuera d'être faite pendant les trois années qui suivront la promulgation de la présente loi ;

2° Des sommes respectivement imposées, par voie de centimes additionnels à l'impôt et proportionnellement à la superficie des propriétés constatées ou constituées, aux douars ou fractions de douars chez lesquels les opérations ont déjà été ou seront accomplies ;

3° Des sommes également imposées à l'État et aux communes pour les superficies dont la propriété leur a déjà été ou leur sera attribuée par suite de ces opérations ;

4° Du recouvrement qui sera fait, à l'avenir, sur les communes intéressées, des frais de levé des communaux indigènes déjà constitués, qui se trouveront compris dans les circonscriptions soumises aux opérations.

Ces diverses natures de ressources seront portées en recette au compte d'avance ci-dessus mentionné.

Un décret fixera le taux par hectare, ainsi que le mode et les termes de payement des sommes prévues aux paragraphes 2, 3 et 4 du présent article

Art. 22. — Sont abrogées toutes dispositions antérieures contraires à la présente loi.

EXPOSÉ DES MOTIFS

« Le gouvernement vient vous demander d'introduire dans la loi du 26 juillet 1873, relative à l'établissement et à la conservation de la propriété en Algérie, quelques modifications et additions dont l'expérience a démontré la nécessité.

Pour bien apprécier la portée de ces remaniements, il est utile de jeter un coup d'œil sur la législation antérieure.

I

Depuis plus de quarante ans que la France a assumé la tâche de coloniser l'Algérie et d'améliorer la condition sociale des peuples qui l'habitent, la question de la propriété indigène n'a pas cessé d'être l'objet des préoccupations gouvernementales. Dès l'origine, on a compris la nécessité d'une organisation agraire qui, sans violer les droits existants, aboutît à l'établissement de la propriété individuelle sur des bases donnant une égale satisfaction aux intérêts des Européens et des indigènes.

Mais le succès de cette entreprise rencontrait de graves obstacles.

En dehors des immeubles composant le domaine propre de l'État, au titre de biens du beylik, sous les noms de Azel, Azib, Aguedel, Maghzen, Touiza, Bled-el-Matmora, Kenaù..., et abstraction faite des forêts, landes, steppes, parcours généraux d'alfa, broussailles, rochers, qui étaient réputés biens de la communauté musulmane (Bled-el-Islam), les terres occupées par les indigènes, au moment de notre arrivée en Algérie, se divisaient en deux grandes catégories : les terres de tribus, dites *arch* (ou *sabega*, dans la province d'Oran), et les propriétés privées, désignées sous le nom de *melk*.

Le fonds des terres arch était réputé appartenir au bey, qui conservait toujours sur elles un droit supérieur de revendication et de libre disposition. Le bey en abandonnait l'usufruit collectif à la tribu, qui en usait comme elle l'entendait, sans pouvoir jamais aliéner le fonds même. Le mode de jouissance pouvait varier, suivant les besoins de la communauté ; toutefois, la règle à peu près générale était que tout membre de la tribu avait un droit individuel à la jouissance des superficies qu'il était à même de mettre en valeur.

Le premier occupant conservait cette jouissance de la terre arch, tant qu'il pouvait la vivifier, et il la transmettait dans les mêmes conditions, soit à ses héritiers mâles, en ligne directe, soit, à leur défaut, et en certains cas, à ses héritiers mâles en ligne collatérale. Les femmes étaient ainsi exclues de la jouissance du sol, afin de maintenir l'homogénéité de la communauté ; mais, comme dédommagement, elles avaient droit à la nourriture et à l'entretien sous la tente du chef de famille.

A défaut d'héritiers mâles directs, et si les héritiers collatéraux détenaient des terres en quantité suffisante, les champs faisaient retour à la communauté, qui en disposait en faveur de ses membres insuffisamment pourvus. De même, si les champs étaient laissés sans culture par l'usager pendant un temps assez long pour que la terre revînt à l'état de friche, le conseil communal (djemâa) avait le droit d'en disposer.

Pour des raisons analogues à celles qui motivaient l'exclusion des femmes, les cultivateurs des tribus ne pouvaient consentir, pour les terres arch, aucun contrat de louage, d'échange, de nantissement ou tout autre impliquant le titre de propriétaire ou susceptible d'introduire des éléments étrangers au sein de la communauté.

En résumé, la possession, en territoire arch, était subordonnée aux conditions suivantes : droit supérieur du bey ; inaliénabilité des terres ; obligation, pour le détenteur, de vivifier le sol, sous peine de déchéance ; modifications apportées à l'ordre successoral ; et, enfin, interdiction du droit de location et de tout mode de jouissance autre que l'exploitation directe.

Comme conséquence de ces restrictions, les terres arch étaient placées en dehors de la juridiction des cadis ; les différends auxquels elles donnaient lieu étaient déférés à l'autorité administrative, c'est-à-dire à la djemâa ou aux fonctionnaires du beylic, et jugés suivant les coutumes locales. Que si le cadi avait incidemment à en connaître, c'était d'après ces coutumes, et non d'après les règles du droit commun musulman, qu'il devait décider. S'il procédait à la liquidation d'une succession, il n'y comprenait jamais la terre arch dont le défunt avait la jouissance, tandis que, pour les meubles et le reste de l'actif de la succession, il se conformait au droit commun musulman, en attribuant, notamment, aux femmes leurs parts successorales.

Au contraire, les terres melk constituaient des propriétés privées. En Kabylie, où la propriété, d'origine ou de la tradition romaine, s'était perpétuée avec ce caractère, la transmission des terres melk était régie par la coutume locale. Dans le reste du Tell, les melk, créés soit par la conquête, soit par la munificence ou sous la protection du souverain, étaient, au contraire, régis par le droit islamique : à leur possession était généralement attachée la faculté de libre disposition, qui caractérise le droit de propriété.

Exceptionnellement, les melk d'origine musulmane, autres que les conquêtes, étaient grevés d'un droit supérieur de revendication au profit du bey, dont le représentant était souvent appelé à ratifier les contrats d'aliénation, afin de donner toute sécurité aux nouveaux possesseurs.

On pourrait croire que les terres de caractère melk étaient dans un état de division individuelle, qui en facilitait l'aliénation. Mais, en fait, elles se trouvaient, au contraire, dans un état d'indivision presque général, résultant des procédés de culture, d'une organisation particulière de la famille, et de l'amour de la vie en commun. Ainsi se perpétuait, depuis plusieurs générations, une sorte de communauté volontaire, maintenue par l'exercice du droit de chefâa, qui permettait au copropriétaire du vendeur de racheter la propriété familiale et d'en exclure, par suite, tout étranger.

Dans de pareilles conditions, il est facile de se rendre compte des difficultés que durent, dès l'origine, rencontrer les transactions immobilières entre indigènes et Européens. Ces transactions ne pouvaient offrir aucune sécurité. Les vendeurs indigènes n'étaient pourvus, le plus souvent, que de titres vagues, ne déterminant ni limites, ni contenance, ni origine, suspects dans leurs énonciations, pouvant s'appliquer, par la similitude des noms, à des personnes différentes, et ne comprenant presque jamais la totalité des ayants droit. Une spéculation hasardeuse, se couvrant des risques pour la vileté du prix, pouvait seule tenter des entreprises agricoles sur cette base fragile ; mais les revendications, l'exercice du droit de chefâa, les actions en nullité vinrent souvent anéantir ces aventureuses acquisitions (1).

Le gouvernement essaya de porter remède à cet état de choses par l'ordonnance du 1er octobre 1844, qui, validant les acquisitions européennes antérieures, prohibait, pour l'avenir, toute aliénation d'immeubles consentie par des indigènes à des Européens en dehors de quelques zones restreintes. Cette même ordonnance édictait une série de mesures tendant à la réunion au Domaine et à la remise à la colonisation de toutes les terres laissées incultes dans le périmètre des villes et villages existants ou à créer.

L'insuffisance et l'inefficacité de ces dispositions ne tardèrent pas à se révéler, et de nouvelles mesures durent être prises. Elles firent l'objet de l'ordonnance du 21 juillet 1846, prescrivant la vérification des titres de propriétés rurales, leur application sur les lieux et, pour les titres reconnus réguliers, la substitution de titres administratifs, avec plan à l'appui. L'accomplissement de ces opérations de vérification était confié à la juridiction administrative. Dans chaque territoire désigné pour y être soumis, un délai de trois mois était accordé pour déposer, sous peine de déchéance, les titres à vérifier. Les terres non réclamées étaient réputées vacantes et réunies au Domaine pour être concédées. Toute transmission d'immeubles entre indigènes et Européens était interdite en dehors des zones de juridiction, alors bien restreintes, des tribunaux de première instance.

Les opérations prescrites par l'ordonnance du 21 juillet 1846 ne furent exécutées que dans quelques territoires embrassant l'ancien district d'Algérie et les anciennes communes de Blidah, Oran, Mostaganem et Bône. Cette ordonnance, comme celle de 1844, ne constituait, du reste, qu'une loi d'expédient, dont les dispositions, d'une application efficace dans certaines zones à proximité des centres de colonisation et où la propriété privée était plus ou moins basée sur des titres, étaient insuffisantes pour le règlement de toutes les questions que soulevait la constitution de la propriété dans les territoires arch.

---

(1) Ces observations sont reproduites d'un discours prononcé en 1875, à l'audience de rentrée de la cour d'appel d'Alger, par M. Cammartin, avocat général (page 7 de la brochure).

La loi du 16 juin 1851 voulut fixer les principes qui devaient régir la propriété sur tout le sol algérien. Proclamant (art. 10) l'inviolabilité de la propriété, sans distinction entre les possesseurs indigènes et les possesseurs français ou autres, elle déclare reconnus (art. 11), tels qu'ils existaient au moment de la conquête ou tels qu'ils avaient été maintenus, réglés ou constitués postérieurement par le gouvernement français, les droits de propriété et les droits de jouissance appartenant aux particuliers, aux tribus ou fractions de tribus. Elle interdit, en même temps (art. 14), l'aliénation de tout droit quelconque de propriété ou de jouissance portant sur le sol du territoire d'une tribu au profit de personnes étrangères à la tribu.

En réalité, le législateur de 1851, loin de trancher la question de la propriété indigène, s'était contenté de déclarations de principe et maintenait, en fait, le *statu quo;* quant aux difficultés pratiques, il les éludait par des interdictions d'aliénation. La loi confirmait bien les droits de propriété et de jouissance appartenant aux particuliers, aux tribus ou fractions de tribus, c'est-à-dire les droits melk et les droits arch ; mais elle ne s'expliquait pas sur les conditions dans lesquelles la transformation des droits de jouissance en droits de propriété pouvait être poursuivie.

Bien avant 1851, le gouvernement avait cru trouver cette solution dans la mesure du cantonnement, consistant à prélever, sur les vastes territoires arch qui excédaient les besoins des tribus, une certaine étendue pour la colonisation, et à constituer les indigènes propriétaires définitifs du surplus des terres, en leur délivrant des titres individuels.

Cette mesure, recommandée par le maréchal Bugeaud, avait reçu un commencement d'exécution, lorsque intervint le sénatus-consulte du 22 avril 1863, dont l'art. 1er déclara les tribus d'Algérie propriétaires des territoires dont elles avaient la jouissance permanente et traditionnelle, à quelque titre que ce fût.

Ce sénatus-consulte prévoyait, en outre, la constitution de la propriété individuelle sur les territoires arch et sabega, dont la propriété collective était ainsi reconnue au profit des tribus; mais il prescrivait l'accomplissement de deux opérations administratives préalables :

1° La délimitation des territoires des tribus ;

2° Leur répartition entre les différents douars de chaque tribu, avec réserve des terres qui devaient conserver le caractère de biens communaux.

L'établissement de la propriété individuelle entre les membres des douars formait la troisième et dernière opération, et il devait y être procédé administrativement, partout où cette mesure serait jugée utile et opportune.

Le sénatus-consulte interdisait (art. 6) l'aliénation des terres collectives, jusqu'au jour où la propriété individuelle aurait été régulièrement constituée par la délivrance des titres.

Quant aux biens melk, il en autorisait la libre transmission, abrogeant, à cet égard, les dispositions prohibitives de la loi de 1851.

Un règlement d'administration publique, en date du 23 mai 1863, détermina les formes et conditions : 1° de la délimitation des territoires des tribus ; 2° de leur répartition entre les douars et de l'aliénation des biens communaux ; 3° de l'établissement de la propriété individuelle et de la délivrance des titres.

Plus de la moitié des tribus du Tell ont été, conformément aux dispositions de ce décret, soumises aux deux premières opérations de délimitation et de répartition ; mais dans aucune la troisième opération, celle concernant l'établissement de la propriété individuelle, n'a été accomplie.

Il est à observer que, dans beaucoup de ces tribus ainsi délimitées et réparties, la possession des terres de culture affectait le caractère melk ; il n'y avait pas lieu, dès lors, d'y exécuter la troisième opération, la constitution de la propriété individuelle ne devant, d'après le sénatus-consulte, être entreprise que dans les territoires collectifs, et l'art. 5 de cet acte législatif ayant expressément réservé les droits des propriétaires des biens melk, comme ceux du domaine de l'État et du domaine public.

L'application du sénatus-consulte du 22 avril 1863, interrompue, d'ailleurs, par les événements de 1870, ne produisit pas les effets qu'on en attendait, et on jugea qu'au point de vue des intérêts de l'indigénat, il était nécessaire d'établir la propriété individuelle sur de nouvelles bases.

Sans parler, en effet, de l'ajournement de la troisième opération et des terribles conséquences qu'avait eues, pour les indigènes, la famine de 1867-1868, à raison de l'impossibilité où ils se trouvaient de vendre ou d'hypothéquer aucune partie des vastes territoires qui leur étaient dévolus à titre collectif, on peut faire remarquer que, même dans les territoires déclarés melk par la deuxième opération et ouverts, dès lors, à la liberté des transactions, la propriété privée se trouvait organisée dans des conditions rendant peu sûres et difficilement réalisables les mutations immobilières entre indigènes et Européens.

Les groupes de terres melk, dans les territoires soumis à la première et à la deuxième opération, avaient, généralement, été reconnus par les commissions administratives, non point par parcelle et par individu ou par famille, mais par grandes masses. Dans les tribus où elles avaient jugé que l'ensemble de la possession territoriale avait un caractère privatif suffisamment accusé, les commissions avaient dispensé les propriétaires de la revendication prescrite par l'art. 10 du décret du 23 mai 1863, et avaient classé d'office, en bloc, les terres de culture comme propriétés melk affranchies de la troisième opération. Mais ce mode de constatation n'avait pu donner à la propriété indigène la précision dont elle manquait précédemment. On se trouvait toujours en présence du communisme familial, de titres équivoques, de droits grevés de servitudes ou de clauses de résolution occultes, fondées sur le droit musulman ou la coutume kabyle, et enfin de justifications insuffisantes quant à la réalité des droits de propriété et à la consistance des immeubles. En un mot, les mutations immobilières entre indigènes et Européens ne présentaient pas plus de sécurité que par le passé.

D'un autre côté, dans les procédés employés pour l'application du sénatus-consulte, les intérêts du domaine de l'État n'avaient pas été sauvegardés.

La constatation en bloc et la délimitation périmétrique, tant des terrains melk que des terrains arch en grandes masses non reconnues en détail, privait le domaine de l'État des parcelles vacantes et sans maître dont la propriété lui appartenait dans l'intérieur de ces périmètres et qui embrassaient une superficie très considérable.

C'est sous l'influence de ces diverses considérations que fut préparée la loi du 26 juillet 1873.

II

Le but que s'est proposé cette loi et l'œuvre dont elle a voulu l'accomplissement peuvent être ainsi précisés :

Mettre la propriété indigène sous le régime de la loi française ;

Reconnaître et constater les droits individuels dans les territoires de propriété privée ;

Constituer la propriété individuelle dans les territoires collectifs ;

Dans l'un comme dans l'autre cas, délivrer aux ayants droit des titres formant leur point de départ unique de la propriété ;

Enfin, à titre de mesure transitoire, faciliter la transmission aux Européens des biens de propriété privée, au moyen d'une purge spéciale permettant de délivrer à l'acquéreur un titre de propriété français sans attendre l'exécution des opérations d'ensemble sur le territoire de l'immeuble ;

Les mesures édictées par la loi de 1873 comprennent trente-deux articles, qui se répartissent en trois titres :

Le titre premier contient les dispositions générales et les principes dont la loi prescrit l'application ;

Le titre II trace, dans son chapitre premier, la procédure à suivre pour la constatation des droits individuels en territoire de propriété privée, et, dans son chapitre 2, la procédure applicable à la constitution de la propriété individuelle en territoire collectif.

Le titre III contient les dispositions transitoires.

Excellente dans ses principes généraux et dans les vues dont elle s'est inspirée, la loi du 26 juillet 1873 n'a pas donné, jusqu'ici, tous les résultats qu'on en espérait. On s'est heurté, dès le début, à des difficultés d'interprétation qui tenaient aux conditions complexes et diverses de la propriété sous le régime indigène. Dans la procédure organisée par la loi, des lacunes ont été relevées. Il en est résulté des incertitudes, dont les opérations des commissaires enquêteurs, fonctionnaires institués par la loi pour procéder à son application, se sont ressenties, surtout dans les premières années, au double point de vue de la bonne exécution et de l'importance des travaux effectués.

Une première difficulté est née de ce que la loi de 1873 n'avait pas réglé la procédure dans les territoires où le sénatus-consulte de 1863 n'était pas encore exécuté.

Puis, le délai de trois mois fixé pour le dépôt du procès-verbal d'enquête (art. 14) et celui de même durée accordé (art. 18) pour se pourvoir en justice contre les conclusions du commissaire enquêteur, relativement aux biens de propriété privée, ont semblé un peu exagérés ; ils prolongent outre mesure et sans nécessité la durée de chaque enquête au détriment de la rapidité que réclamerait l'accomplissement des travaux de constitution de la propriété indigène.

On a aussi critiqué la déchéance édictée par l'art. 19 contre le créancier hypothécaire ou tout autre prétendant droit qui ne ferait pas inscrire ou transcrire ses titres, ou renouveler son inscription avant la transcription du titre français délivré à l'indigène, en mentionnant dans ces inscriptions, transcriptions ou renouvellements les noms patronymiques indiqués dans ce même titre.

L'expérience a démontré également que les multiples formalités de publicité prescrites par le titre III de la loi, concernant la purge spéciale des immeubles indigènes acquis par des Européens avant la délivrance des titres administratifs, constituaient une procédure lente et coûteuse, de nature à entraver les transactions, sans garantir les droits des tiers. La publication d'un extrait du contrat de vente, si répétée qu'elle puisse être, n'est pas toujours suffisante pour avertir le propriétaire limitrophe que l'on a vendu une partie de son immeuble. Il ne s'en aperçoit que lors de la prise de possession, c'est-à-dire, le plus souvent, lorsque, le délai légal de réclamation étant expiré, il ne peut plus produire utilement sa revendication.

D'un autre côté, la mise à exécution du titre III de la loi a soulevé la question de savoir si celle-ci avait abrogé l'interdiction d'aliénation des terrains collectifs édictée par l'art. 6 du sénatus-consulte du 22 avril 1863 et l'art. 32 du décret du décret du 23 mai 1863. L'affirmative a trouvé des partisans, et la spéculation, s'emparant du doute qui avait pu surgir à ce sujet, s'est livrée, dans certains territoires arch, à des achats de terre faits à vil prix et dans les conditions les plus fâcheuses pour les intérêts que le législateur a voulu protéger.

Mais la question la plus grave qu'ait soulevée l'interprétation de la loi du 26 juillet 1873 a été celle de savoir ce qu'on devait entendre par propriété privée et par propriété collective, et dans quels cas il y avait lieu d'appliquer soit la procédure relative à la constatation de la propriété (chap. 1er du titre II), soit la procédure relative à sa constitution (chap. 2 du titre II), distinction très essentielle, puisque, dans le cas du chapitre 1er, les tribunaux sont seuls compétents pour statuer sur les contestations, et que, dans le cas du chapitre 2, la sanction des opérations appartient exclusivement à l'autorité administrative.

L'administration a jugé qu'on devait entendre par propriété privée les biens classés comme melk par les décrets rendus en exécution du sénatus-consulte de 1863, et par propriété collective les terres arch ou sabega classées par ces décrets comme biens collectifs de culture.

Mais, à l'égard des biens melk indivis, l'administration n'a pu se dissimuler les très graves inconvénients que présentaient, au point de vue des intérêts tant de la colonisation que des indigènes eux-mêmes, les situations complexes qu'elle était appelée à reconnaître et à confirmer par la délivrance de titres.

Dans beaucoup de territoires melk, le nombre des ayants droit au bien indivis est tel que, si l'indivision cessait, des parts souvent infinitésimales reviendraient à chacun d'eux (1).

---

(1) Voici quelques cas d'indivision pris, parmi beaucoup d'autres, dans les titres délivrés par le Domaine dans le département d'Alger :
Douar de Tamesguida, commune de Médéa : — Titre n° 23, comprenant 8 parcelles d'une contenance totale de 51 hectares 99 ares 90 centiares, appartenant par indivis à 48 attributaires. La plus forte part est de $\frac{544.320}{6.531.810}$, la plus faible de $\frac{30.240}{653.840}$. — Titre n° 4, 2 parcelles contenant ensemble 18 hectares 58 ares 60 centiares, appartenant à 58 attributaires. La part la plus forte est de $\frac{117.936}{1.257.984}$, la part la plus faible est de $\frac{23.296}{1.257.984}$.

Il est facile de se rendre compte des difficultés que de pareilles situations opposent aux transactions immobilières entre indigènes et Européens et des frais énormes qu'entraîne l'application à ces indivisions de la procédure française. Certaines licitations, dans lesquelles étaient intéressés 100, 200 et jusqu'à 441 ayants droit, ont coûté 5,000, 6,000 et jusqu'à 12,000 fr., par suite des jugements de défaut profit-joint, des significations à toutes parties, des reprises d'instance, etc.

Tout le monde est d'accord sur l'urgence de remédier à un état de choses aussi nuisible à tous les intérêts, et dont le maintien est assurément contraire au but que s'est proposé la loi de 1873. Dans sa séance du 14 décembre 1880, le conseil supérieur de gouvernement de l'Algérie, considérant que l'expérience a fait connaître la nécessité de modifier, de compléter et d'interpréter divers points de la loi du 26 juillet 1873, émettait, à l'unanimité, le vœu que l'administration entreprît, sans retard, l'étude des modifications à apporter à cette loi.

Déférant à ce vœu, le gouverneur général de l'Algérie, par arrêté du 14 juillet 1881, confia cette étude à une commission composée du premier président de la cour d'appel d'Alger, du procureur général près cette cour, d'un conseiller de gouvernement, d'un conseiller général et du directeur des domaines de l'Algérie.

Cette commission prépara d'abord trois projets, qui furent soumis aux corps délibérants, aux tribunaux, à l'école de droit d'Alger, aux conseils de l'ordre des avocats, aux principaux fonctionnaires de l'Algérie, et qu'elle refondit ensuite en un seul.

Saisi de ce dernier projet, le conseil supérieur de gouvernement crut devoir confier à une commission prise dans son sein le soin d'examiner les mesures à prendre.

Les propositions formulées par cette commission ont été discutées par le conseil supérieur, dans sa séance du 9 décembre 1882, et c'est dans le sens des résolutions adoptées qu'a été établi le projet actuel.

Le gouvernement n'a pas cru pouvoir mieux faire que de se conformer aux indications fournies par cette assemblée, composée d'hommes qui se recommandent par leur haute compétence et leur grande expérience des affaires algériennes. Il estime, comme elle, que « si la loi de 1873 renferme des défectuosités, de l'obscurité dans la rédaction et quelque confusion dans l'ordre de ses articles, ces défauts, auxquels la meilleure des lois n'échappe pas, peuvent être amoindris et même disparaître par une interprétation attentive et une application large et éclairée.

Les modifications nécessaires ne portent que sur quelques points importants sur lesquels toutes les opinions se réunissent :

1° Exécution préalable, dans les tribus qui n'ont pas été soumises à l'application du sénatus-consulte du 22 avril 1863, des opérations de déli-

---

Territoire de Saint-Cyprien des Attafs. — Titre n° 27, 7 parcelles d'une contenance totale de 135 hectares 97 ares 70 centiares, indivises entre 310 attributaires, la plus forte part étant de 0,066,701 et la plus faible de 0,000,099.

Douar des Harrar (près Duperré). — Titre n° 64, parcelle de 8 hectares 45 ares, indivise entre 55 attributaires. — Part la plus forte $\frac{2.640.000}{19.800.000}$, part la plus faible $\frac{50.688}{19.800.000}$.

mitation et de répartition prévues par les paragraphes 1 et 2 de l'article 2 de cet acte législatif;

2° En cas d'indivision entre plusieurs familles, répartition à faire entre elles, avant la délivrance des titres, des immeubles commodément partageables;

3° Suppression du ministère des cadis et application des formes et conditions de la loi française pour les cessions, licitations et partages de droits successifs portant sur des immeubles soumis à cette loi;

4° Abréviation des délais prévus par la loi du 26 juillet 1873 pour les réclamations et contestations;

5° Prorogation du délai accordé aux tiers pour faire inscrire ou transcrire leurs titres aux hypothèques, lors de l'établissement des titres de propriété à délivrer aux indigènes;

6° Bornage de l'immeuble dans le cas de vente faite à un Européen en exécution des dispositions transitoires de la loi;

7° Organisation d'un système d'enquêtes partielles permettant d'aliéner, au profit d'Européens, les immeubles dépendant des territoires de propriété collective, avant l'exécution, sur ces territoires, des opérations d'ensemble prescrites par la loi;

8° Établissement d'une procédure spéciale et peu coûteuse, destinée à favoriser, une fois la propriété individuelle constituée, le partage des immeubles restés indivis;

9° Modification des voies et moyens et des ressources financières affectées aux travaux de constitution de la propriété indigène.

Ces diverses mesures, dont l'application comporte la sanction préalable du législateur, font l'objet, messieurs, du projet de loi qui vous est soumis, et qui se divise en 23 articles.

III

L'exposé suivant fait connaître les motifs des dispositions proposées.

Art. 1er. — L'article 1er précise le but et la portée du projet, qui est d'apporter à la loi du 26 juillet 1873 les modifications et additions formulées aux articles suivants.

Art. 2. — Cet article dispose qu'il sera procédé administrativement et à bref délai aux opérations de délimitation et de répartition prévues par les paragraphes 1 et 2 de l'article 2 du sénatus-consulte du 22 avril 1863, dans toutes les tribus où ces opérations n'ont pas été effectuées.

Près de la moitié des tribus de l'Algérie se trouvent dans ce cas, et il y a urgence à ce que les opérations dont il s'agit soient accomplies, pour permettre d'appliquer la loi de 1873 dans les territoires qui, suivant une expression passée dans le langage administratif, n'ont pas été sénatus-consultées. Ainsi, l'administration a dû abandonner les travaux entrepris dans plusieurs de ces territoires et renoncer à y constituer la propriété jusqu'au moment où des dispositions législatives auraient fixé la marche à suivre.

Sous le régime du sénatus-consulte du 22 avril 1863, les formalités à remplir étaient réglementées par le décret du 23 mai suivant. La loi de 1873 ayant implicitement abrogé ce décret, sans indiquer les nouvelles formes dans lesquelles les opérations de délimitation et de répartition devaient être accomplies, le projet de loi prévoit qu'un nouveau décret devra intervenir.

La délimitation des tribus entre elles est une opération indispensable pour arriver à la division des territoires en sections communales.

La répartition des territoires en douars ou sections communales n'est pas moins nécessaire, puisque c'est son exécution qui permet de constituer le domaine communal et de déterminer les diverses natures de propriété privée (melk) ou collective (arch ou sabega) auxquelles doivent être appliquées respectivement les diverses dispositions de la loi de 1873.

L'intention du gouvernement est de confier ces opérations de délimitation et de répartition, non point à des commissions administratives organisées dans les conditions prévues par le décret du 23 mai 1863, ni aux commissaires enquêteurs, dont la mission est déjà suffisamment longue et difficile sans la compliquer encore, mais au personnel des communes mixtes, placé dans les meilleures conditions pour accomplir ces travaux avec compétence, rapidité et économie. Le nouveau décret fixera le mode d'opérer et les détails.

Art. 3. — Cet article tend à faire cesser l'indivision entre familles, au moyen de partages opérés par le commissaire enquêteur au cours des opérations de reconnaissance et de constatation de la propriété individuelle.

Proposée par le conseil supérieur de gouvernement, cette disposition spéciale trouve sa justification dans la situation qu'elle vise.

En territoire arch, l'obligation du partage par famille ne souffre pas de difficulté, puisque, la constitution de la propriété individuelle étant le résultat d'une libéralité de l'État, celui-ci peut, comme condition, imposer le partage (application du chapitre 2 du titre II de la loi de 1873). D'ailleurs, cette obligation de partage par famille est moins rigoureuse que celle de partage par tête prévue par le sénatus-consulte de 1863, et réclamée par MM. Jacques, Gastu et Thomson dans la proposition de loi qu'ils ont déposée à la Chambre, le 8 mars 1878. *(Journal officiel* du 14 mars 1878, page 2862).

Mais en territoire melk, où la propriété privée existe indépendamment de toute concession de la part de l'État, on pourrait objecter que l'on porte une atteinte aux droits des indigènes, et que l'on se met, d'autre part, en contradiction avec la législation française, au moment même où on l'étend, dans presque toutes ses conséquences, à la propriété arabe.

Il n'y a pas lieu de s'arrêter à ces objections. En présence de la situation ci-dessus constatée dans tout le territoire melk (II), le but principal de la loi projetée est de constituer la propriété individuelle par la cessation de l'indivision. C'est le seul moyen de permettre les transmissions au profit des colons et d'en assurer la sécurité. Or, ce but ne serait pas atteint si l'on maintenait l'indivision entre les familles arabes : car la presque totalité des territoires indigènes serait soustraite à l'effet de la loi. Il y a donc une raison supérieure qui commande une dérogation exceptionnelle à la loi commune. Sans cela le projet actuel perdrait presque tout son intérêt.

Investi du pouvoir de répartir entre les familles en état d'indivision les immeubles commodément partageables, le commissaire enquêteur, avec le personnel dont il dispose (géomètre, interprète, assistance du cadi), est particulièrement bien placé pour opérer cette répartition avec rapidité et au mieux des intérêts en présence. Les partages ainsi opérés sur place et sans frais deviendront définitifs s'ils n'ont pas fait l'objet d'oppositions portées devant les tribunaux pendant le délai accordé par la loi pour les contestations des titres de propriété.

La famille, telle que la définit l'article proposé, comprend tous les parents jusqu'au sixième degré inclusivement, c'est-à-dire tous les successibles d'après le droit musulman.

L'indivision entre familles une fois détruite, il restera l'indivision entre les membres d'une même famille. Les dispositions qui font l'objet des articles 12 à 23 du projet fourniront aux indigènes des facilités pour faire cesser, s'ils le désirent, l'indivision ainsi restreinte.

Art. 4. — Cet article complète l'article 7 de la loi du 26 juillet 1873, portant : « Il n'est point dérogé au statut personnel ni aux règles de succession des indigènes entre eux », par la disposition suivante :

« Il ne pourra être procédé que dans les conditions et les formes de la loi française aux cessions, licitations et partages de droits successifs portant sur des immeubles soumis à cette loi. »

Toutes les opinions s'accordent à reconnaitre la nécessité de retirer à la magistrature indigène, pour les immeubles soumis à la loi française en vertu de la loi de 1873, la connaissance des licitations et partages, laquelle, d'après la jurisprudence, leur a été laissée par les dispositions combinées de l'article 1er de cette dernière loi, qui soumet uniquement à la loi française la transmission contractuelle des immeubles, et de l'article 7, qui maintient les règles de succession des indigènes entre eux.

Pour justifier ce retrait, on ne saurait mieux faire que de rappeler les observations formulées par M. l'avocat général Cammartin dans un discours qu'il prononçait, en 1875, à l'audience de rentrée de la cour d'appel d'Alger. Parlant de l'ordonnance de 1846, cet honorable magistrat disait : « Des titres français avec plans ont été substitués aux titres indigènes, puis les choses ont repris leur cours ; les successions se sont ouvertes ; des transmissions ont eu lieu, les actes des cadis ont succédé, avec leur imperfection et leur incertitude, aux titres délivrés par le Domaine, et ces titres..... n'ont eu qu'une valeur éphémère, qui, en excitant nos regrets, doit aussi nous servir de leçon. » Et, parlant de la loi du 26 juillet 1873, il ajoutait : « Mais il ne faut pas se le dissimuler, en laissant à la procédure musulmane le monopole des partages et licitations, on ne peut pas espérer le bénéfice de la loi nouvelle..... Si les partages et les licitations des cadis sont appelés à se substituer aux titres français, il arrivera nécessairement, dans un temps prochain, que la propriété immobilière des indigènes se trouvera établie sur des actes dont l'insuffisance n'est plus à constater, ou sur de simples traditions. Les titres français ne seront plus, dès lors, que des documents historiques, rappelant les efforts et les sacrifices qu'aura coûtés leur délivrance, et qu'on pourra, sans inconvénient, renfermer dans la tombe de ceux qui les auront obtenus. »

Art. 5. — Cet article réduit à 45 jours le délai de trois mois pendant lequel, aux termes de l'article 14 de la loi, les intéressés peuvent prendre connaissance du procès-verbal de l'enquête. Il réduit également à 45 jours le délai de trois mois qui leur est accordé par l'article 18 pour contester les titres provisoires établis par le service des domaines.

Il a paru qu'un double délai de 45 jours, succédant à la faculté qu'ont eue les parties de présenter leurs observations au commissaire enquêteur pendant son séjour prolongé sur le territoire, était plus que suffisant pour leur permettre de produire leurs constatations. Cette réduction abrégera de trois mois le temps consacré à l'enquête dans chaque territoire, et c'est là un résultat important au point de vue de la rapidité que réclament les opérations.

Était-il possible d'abréger davantage la durée des formalités ? — Dans la séance du 9 décembre 1883, le secrétaire général du gouvernement a demandé au conseil supérieur de réduire à 15 jours les nouveaux délais.

M. le gouverneur général a fait observer, avec raison, qu'à côté de la question de rapidité du travail, il convient de tenir compte de la situation d'indigènes qui ne sont pas très éclairés, qui peuvent avoir besoin de consulter des spécialistes, ou qui se trouveraient absents de la tribu.

Ces considérations, auxquelles on peut ajouter l'absence de moyens de communication facile, paraissent concluantes.

D'autres détails doivent s'ajouter à ceux qui précèdent. L'article 8 de la loi de 1873 exige, d'abord, que l'opération ne commence qu'un mois après la publication de l'arrêté. D'après l'article 10, le commissaire ne rend son ordonnance de transport que quinze jours après sa nomination, et elle doit rester affichée pendant un mois (art. 18 et 8). Aux termes de l'article 16, il doit encore prévenir les intéressés 15 jours avant le deuxième transport.

Aucune critique n'a été formulée contre ces délais lors de l'examen au conseil supérieur des modifications à apporter à la loi de 1873. Il y a donc lieu de croire qu'ils répondent à des nécessités pratiques, parfaitement établies.

Art. 6. — Cet article accorde à tout créancier hypothécaire, ou préten-. dant à un droit réel sur l'immeuble, un délai complémentaire de 45 jours, à partir de la transcription du titre français, pour remplir les formalités d'inscription et de transcription prescrites par l'article 19 de la loi de 1873.

L'accomplissement de ces formalités avant la transcription du titre présente, en effet, de sérieuses difficultés. Tenus d'indiquer, dans les inscriptions ou transcriptions, le nom patronymique attribué à l'indigène, les tiers intéressés doivent, si ce nom ne se trouve pas mentionné au contrat constitutif de leurs droits, faire des formalités et des démarches qui peuvent entraîner des retards et même ne pas toujours aboutir en temps utile. Il en résulte une aggravation de l'obligation, déjà bien rigoureuse, qui leur est imposée par la loi. Cette aggravation serait encore augmentée par la réduction qu'apporte l'article 5 du projet au délai pendant lequel les tiers peuvent prendre connaissance, au service des domaines, des titres de propriété préparés.

La disposition proposée, analogue à celle établie par l'article 6 de la loi du 23 mars 1855 pour l'inscripiion du privilège du vendeur ou du copartageant, a pour objet de remédier à ces inconvénients. Permettant aux tiers intéressés de ne remplir qu'après la transcription du titre français, et dans un délai de 45 jours, les formalités hypothécaires qui leur sont imposées, elle atténue sensiblement la rigueur de cette obligation, en même temps qu'elle en facilite l'accomplissement. Les tiers pourront puiser, en effet, dans la transcription du titre français tous les renseignements (noms patronymiques, etc.) qui leur sont nécessaires.

Le texte de l'article proposé spécifie, en outre, que les inscriptions et les transcriptions faites après l'expiration du délai fixé ne vaudront, à l'égard des tiers, qu'à partir de leur date, de sorte que la déchéance prononcée par la loi contre le tiers qui accomplit tardivement les formalités prescrites se résout à lui faire perdre son droit d'antériorité, sans préjudice de l'action personnelle résultant du contrat. Cette restriction n'est, sans doute, qu'une conséquence des principes généraux du droit; mais il paraît utile de l'affirmer d'une manière positive, afin de prévenir les difficultés d'interprétation auxquelles pourraient donner lieu les termes, peut-être trop absolus, employés par le législateur de 1873.

Art. 7. — Cet article, qui a pour but de modifier et compléter les dispositions transitoires du titre III de la loi (articles 25, 26, 27, 28 et 30), réalise les vœux exprimés par le conseil supérieur et tous les corps constitués de l'Algérie, d'une part, en abrégeant les formalités, et, d'autre part, en instituant le bornage public, qui, en matière de ventes de terres melk avant la délivrance des titres français, peut seul donner toute sécurité aux propriétaires limitrophes et à l'acquéreur. La loi dispose, à cet effet, que l'acte de vente sera signifié à l'administration des domaines, en vue de l'obtention d'un titre français (art. 25). L'extrait du contrat en français et en arabe doit être inséré, deux fois au moins, à un mois d'intervalle, dans le *Mobacher* et dans un journal de l'arrondissement.

Il doit, par les soins du procureur de la République, être déposé : 1° chez le juge de paix, ou le maire, ou l'administrateur; 2° chez le président de la djemâa, ou l'adjoint indigène, ou le cadi; il doit, en outre, être publié dans les principaux marchés de la tribu, et être affiché, en français et en arabe, à la mairie et partout où besoin est (article 26).

Tout prétendant à un droit réel sur l'immeuble doit, dans un délai de trois mois, former sa réclamation auprès de l'un des dépositaires de l'extrait (article 27), lequel en donne avis au procureur de la République, qui prévient les intéressés (article 28).

A défaut de réclamation produite dans le délai, ce magistrat délivre à l'acquéreur un certificat négatif, au vu duquel le service des domaines établit le titre français (article 30).

L'expérience a démontré que ces multiples formalités de publicité constituent une procédure lente, coûteuse, et, en outre, souvent inefficace. La publication d'un extrait du contrat de vente, si répétée qu'elle puisse être, n'est pas toujours suffisante pour avertir le propriétaire limitrophe que l'on a vendu une partie de son immeuble. Il ne s'en aperçoit que lors de la prise de possession, c'est-à-dire, le plus souvent, lorsque le délai légal de réclamation est expiré et qu'il ne peut plus produire sa revendication utilement.

Dans les diverses études auxquelles a donné lieu le projet de révision de la loi de 1873, il y a eu unanimité d'opinion sur la nécessité d'exiger, pour ces sortes de ventes, le bornage public de l'immeuble, et d'abréger les autres formalités. Les dispositions de l'art. 7 du projet tendent à ce double but. Elles peuvent être ainsi résumées :

L'acte de vente doit être reçu par un notaire et être accompagné du plan de l'immeuble. Un extrait du contrat et une copie du plan sont remis à l'administration des domaines, non seulement en vue de l'obtention ultérieure d'un titre français, mais encore pour permettre à cette administration de faire opposition à la vente, si elle est illégale ou faite au préjudice des droits de l'État. Pareils documents sont déposés au greffe de la justice de paix, en vue du bornage de l'immeuble. La date fixée pour l'opération est annoncée au moins 20 jours à l'avance, par les soins du greffier, au moyen de l'insertion aux journaux et de la publication dans la localité intéressée de la copie de l'extrait déposé. Le bornage est effectué par le juge de paix, qui consigne sur le procès-verbal les réclamations formulées par les tiers intervenants. Toute réclamation nouvelle devra, à peine de déchéance, être formée entre les mains du greffier dans le délai de 45 jours à dater de la clôture du procès-verbal de bornage. A défaut de réclamation ou de revendication, le certificat négatif, qui précédemment devait être délivré par le procureur de la République, le sera par le juge de paix.

Le mécanisme de ces diverses formalités est simple, et les transactions immobilières entre indigènes et Européens y trouveront certainement des facilités et des garanties de nature à favoriser leur développement.

Art. 8 à 11. — Ces articles organisent un système de formalités permettant d'aliéner au profit d'Européens les immeubles dépendant des territoires de propriété collective, avant l'exécution sur ces territoires des opérations de constitution de la propriété individuelle.

Dans les territoires de propriété collective, ou, autrement dit, dans les territoires de propriété arch, le sol est inaliénable et les transactions immobilières interdites, tant que la propriété n'y a pas été régulièrement constituée et que des titres n'ont pas été délivrés aux occupants. Les prohibitions édictées à cet égard par l'art. 14 de la loi du 16 juillet 1851 ont été expressément maintenues par l'art. 6 du sénatus-consulte du 22 avril 1863, et la loi du 26 juillet 1873 ne les a pas abrogées. On a toujours considéré que la liberté des aliénations donnerait lieu, dans ces territoires, à de très graves difficultés, en ce qu'elle livrerait à la spéculation des droits précaires et mal définis.

On ne saurait cependant méconnaître les inconvénients que présente, à certains points de vue, un régime qui frappe les territoires collectifs d'une sorte d'interdit et condamne la colonisation à attendre, pour y pénétrer, que la propriété individuelle y ait été constituée sur toute leur étendue. Le conseil supérieur, dans sa session supplémentaire de février 1884, s'est prononcé pour l'adoption de mesures propres à apporter des tempéraments à la rigueur des dispositions prohibitives actuelles. Se ralliant à cet avis, le gouvernement a cherché une combinaison, un moyen terme de nature à concilier tous les intérêts en présence.

Puisque l'aliénation des terrains arch est subordonnée à la délivrance préalable de titres de propriété, il semble qu'elle peut être assurée dans les conditions voulues si, dans tous les cas où une vente est projetée, on autorise l'accomplissement d'une enquête spéciale, visant uniquement l'immeuble à aliéner, et à la suite de laquelle un titre de propriété français sera délivré à l'indigène requérant. On n'aurait plus ainsi à attendre, pour procéder à des aliénations, la constitution de la propriété sur l'ensemble du territoire, puisque cette constitution pourrait être entreprise, distinctement et par anticipation, pour tel ou tel immeuble.

Il est évident, toutefois, que ces enquêtes particulières et anticipées, exécutées aux frais des requérants, doivent être limitées au cas où réellement des promesses de vente à des Européens les rendraient nécessaires. Il ne faudrait pas, en effet, que, sous prétexte de projet de vente et sans justifications à cet égard, les indigènes des tribus en arrivent tous à réclamer leurs titres à l'avance. Le personnel de l'administration ne suffirait évidemment pas à cette tâche multiple.

Quant aux formalités de l'enquête, elles paraissent devoir être analogues à celles prescrites par le titre II de la loi de 1873, mais un peu abrégées et avec des délais plus courts. Il est évident, en effet, qu'une opération isolée, toute locale, ne comporte pas une publicité aussi grande et des formalités aussi compliquées qu'un ensemble d'opérations intéressant toute une circonscription. La mission de procéder à ces enquêtes serait, dans chaque commune mixte, confiée à l'administrateur, qui serait investi, pour cette catégorie d'opérations, des fonctions de commissaire enquêteur, et serait assisté du géomètre de circonscription. Ces fonctionnaires se trouvent placés dans les meilleures conditions pour accomplir ces opérations d'une manière rapide et sûre.

L'administration délivrerait un titre de propriété au vendeur ou à tout autre dont l'enquête aurait établi les droits.

Tel est le système que le gouvernement propose d'adopter, au moyen des dispositions qui font l'objet des art. 8 à 11 du projet de loi.

L'art. 8 exige que la promesse de vente soit faite par acte notarié, afin de garantir, autant que possible, le caractère sérieux du motif de la requête en délivrance de titre : faute de requête dans le délai de trois mois, la promesse sera nulle de plein droit. La publicité à donner à l'enquête doit précéder de 20 jours au moins (art. 9) le commencement des opérations. Le procès-verbal de l'enquête restera déposé pendant 45 jours ; et, le lendemain même de l'expiration de ce délai (art. 10), sera effectué le deuxième transport sur le terrain, dont il devient inutile, dès lors, de faire annoncer la date par affiches et publications. L'homologation du procès-verbal et la délivrance des titres (art. 11) auront lieu dans les conditions édictées pour les opérations d'ensemble (art. 20 et 21 de la loi de 1873). Les espaces vacants et sans maître qui auraient été compris à tort dans la promesse de vente seront attribués au domaine de l'État.

On remarquera que les frais de ces enquêtes spéciales, qui seront confiées aux administrateurs des communes mixtes, ne paraissent pas devoir être plus élevés que ceux résultant de l'application des dispositions transitoires (titre III) aux ventes des terrains melk. Ils seront consignés à l'avance par le vendeur requérant.

Art. 11 à 21. — L'art. 3 ci-dessus tend à faire cesser l'indivision entre familles, au moyen de partages opérés par le commissaire enquêteur.

Les art. 12 à 21 sont conçus dans le même ordre d'idées. Ils contiennent un ensemble de dispositions destinées à assurer aux licitations et partages des immeubles restés indivis après la délivrance des titres le bénéfice d'une procédure simplifiée et peu coûteuse.

Toutes les opinions se sont réunies sur l'utilité d'une procédure spéciale en cette matière ; mais elles se sont divisées sur les bases mêmes de cette procédure.

Dans un projet qu'il avait préparé en 1875, M. le procureur général près la Cour d'appel d'Alger proposait de porter devant le juge de paix les actions judiciaires en partage ou licitation. Cette opinion a été partagée par deux des membres d'une commission chargée, en 1882, de l'étude des modifications à apporter à la loi de 1873.

Mais M. le premier président de la cour et le conseiller général membres de cette commission ont pensé qu'il y aurait danger, au point de vue de la régularité des opérations, à adopter la procédure consistant à substituer au ministère des avoués celui des greffiers de justice de paix. A leur avis, ce serait imposer à ces derniers une tâche certainement au-dessus de leurs forces et risquer de multiplier les cas de nullité. L'école de droit, consultée, s'est associée complètement à cette manière de voir. Le conseil supérieur de la colonie s'en est rapporté, à cet égard, à l'appréciation du gouvernement.

Le gouvernement s'est rallié au projet qui maintient, en cette matière, la juridiction de droit commun. Il estime que la solution cherchée peut être obtenue en imposant à tous les défendeurs indigènes dans la licitation et à tous les groupes ayant le même intérêt dans le partage de désigner un mandataire unique, et en réduisant les honoraires des notaires et avoués. C'est dans ce sens qu'ont été préparées les dispositions proposées.

L'art. 12 dispose que la procédure spéciale sera appliquée, lorsque les immeubles soumis aux opérations du titre II devront être partagés ou licités pour la première fois. Cette application ne saurait évidemment être renouvelée, et les immeubles, une fois partagés et licités, seront soumis, en cette matière, aux règles ordinaires de la procédure.

Les art. 13, 14 et 15 s'occupent du partage amiable, qui pourra être fait devant notaire, même si parmi les ayants-droit indigènes se trouvent des incapables et des absents, auquel cas le partage ne sera définitif qu'après avoir été homologué par le tribunal. Quant aux contestations qui pourraient surgir, elles seront portées devant le juge de paix et, en appel, devant le tribunal de première instance. L'adhésion première des parties au partage amiable impliquera, de leur part, l'acceptation de cette juridiction.

Les art. 16 et 18 ont trait au partage judiciaire et à la licitation. L'art. 17 inaugure une mesure d'une utilité pratique considérable. Il s'agit de l'obligation, pour les défendeurs indigènes, de désigner un mandataire unique chargé de les représenter dans les diverses phases de la procédure. En vue de cette nomination, ils seront individuellement convoqués devant le juge de paix, dans les formes établies en matière de justice musulmane, c'est-à-dire par un simple avis n'entrainant d'autres frais que l'allocation de 1 ou 2 francs, suivant la distance, accordée à l'aoun qui l'a remis (art. 25 du décret du 23 décembre 1866 et 3 du décret du 31 août 1875). En cas de désaccord ou de non comparution, la nomination sera faite d'office et sans appel par le juge de paix. Il n'y aura, de même, qu'un seul avoué pour les défendeurs indigènes, à moins qu'il ne surgisse des incidents rendant nécessaire la constitution d'autres officiers ministériels.

Les art. 19, 20 et 21 sont communs aux partages amiables, aux partages judiciaires et aux licitations. Il est décidé, en principe, que les notaires, greffiers notaires, défenseurs ou avoués qui concourront à ces opérations ne recevront que des honoraires réduits suivant un tarif à déterminer par décret. Pendant un délai de cinq ans, à partir de la transcription des titres administratifs ou de la promulgation de la loi, il est accordé aux minutes des actes et jugements rendus en exécution des dispositions qui précèdent l'exemption de la formalité du timbre et la gratuité de l'enregistrement. Le Trésor a tout intérêt à favoriser les actes destinés à faire cesser l'indivision indigène, et il récupérera amplement, plus tard, par suite de la mobilité de la propriété divisée et des transactions qui en seront la conséquence, le sacrifice temporaire qu'il aura fait de l'impôt.

Art. 22. — Cet article règle les voies et moyens qui devront désormais pourvoir aux dépenses de toute nature nécessitées par les travaux de constatation et de constitution de la propriété arabe. Ces voies et moyens concernent, à la fois, le passé et l'avenir.

Il est aujourd'hui bien démontré que les centimes additionnels affectés à ces dépenses, et dont la quotité (4 centimes par franc en pays arabe, 20 cent. par franc en pays kabyle), fixée par un décret du 27 juillet 1876, fournit un produit annuel de 700,000 francs en moyenne, sont insuffisants pour couvrir les frais qu'entraîne l'application de la loi et qui peuvent être évalués à 1,200,000 francs par an. C'est à cette insuffisance qu'est dû l'excédent de dépenses constaté dans le budget du service de la propriété indigène et qui a motivé le projet de loi déposé le 5 juillet 1883 en vue de l'ouverture d'un crédit extraordinaire de 1,584,000 francs (réduits, plus tard, à 1,560,000 francs) destiné à la liquidation de cet arriéré remontant à 1881.

Le gouvernement avait pensé que le concours pécuniaire de l'État était justifié par cette circonstance que, dans les charges imposées au budget de la propriété indigène, figurent des travaux qui ne lui profitent pas exclusivement. La moitié, au moins, des dépenses est affectée, en effet, aux levés généraux (*). Or, les plans ainsi établis, base du futur cadastre, servent à l'État pour les reconnaissances et la gestion des biens domaniaux et pour l'administration générale du pays : ils le dispensent de faire exécuter, aux frais du Trésor, la reconnaissance et le levé parcellaire du territoire algérien, et ils constituent des éléments tout préparés pour l'établissement de l'impôt foncier. Si l'on supprimait le service de la propriété indigène, l'État ne pourrait se dispenser de faire procéder à ces levés. Il avait donc semblé logique de faire participer l'État à la dépense, et, dans le projet de loi déposé le 5 juillet 1883, en proposant de mettre à la charge du Trésor la liquidation de l'arriéré, on avait posé le principe du concours pécuniaire de l'État à la dépense des travaux de levé du territoire algérien.

La commission du budget ne s'est pas ralliée à cette manière de voir et a décidé de n'accorder qu'à titre d'avance remboursable le crédit de 1,560,000 francs demandé. Il est dit dans le rapport présenté à la Chambre, le 14 février 1884 (n° 2636), par M. le député Letellier : « Sans méconnaître que le concours de l'État dans cette circonstance serait justifié par l'utilité que l'État lui-même doit retirer de la confection des plans, base du futur cadastre, qui servent à l'administration générale du pays, la commission a pensé que les dépenses qu'entraîne la constitution de la propriété avaient

---

(*) D'après le marché passé, en 1875, avec les brigades auxiliaires des levés généraux, le coût du levé d'un hectare (vérification, travaux graphiques et tous autres frais compris) s'élève à 3 fr. 80. Ce marché expire en 1885, et on espère pouvoir, avec le personnel titulaire du service topographique, réduire le coût de l'hectare à 2 fr. 10. En admettant le fonctionnement de 27 commissions d'enquête (9 par département), chacune constituant la propriété de 10,000 hectares par année, la dépense annuelle occasionnée par les levés des plans serait, pour 270,000 hectares, de 567,000 francs. La production annuelle de chaque commission paraît pouvoir atteindre prochainement le chiffre de 12,000 hectares, ce qui porterait la dépense des levés à 680,400 francs.

un caractère, pour ainsi dire, départemental et devaient rester à la charge de l'Algérie. Elle a résolu d'accorder, à titre d'avance, le crédit demandé pour la liquidation de l'arriéré du service de la propriété. Mais, en même temps, elle invite le ministre des finances à procéder à une révision de la loi de 1873 et à équilibrer, au moyen de ressources nouvelles, les dépenses et les recettes de ce service. » Et l'art. 2 du projet de loi présenté par la commission porte : « Avant le 1er juillet 1884, un projet de loi sera soumis aux Chambres par le gouvernement à l'effet de réviser la loi du 26 juillet 1873, sur l'établissement et la conservation de la propriété en Algérie, et de déterminer les ressources au moyen desquelles il sera pourvu au remboursement de l'avance autorisée par l'article précédent. »

Se conformant à cette indication, le gouvernement, après examen des mesures propres à assurer, dans les meilleures conditions possibles, le fonctionnement financier du service de la propriété indigène, propose l'ouverture d'un compte spécial sous la rubrique : Avance au service de la propriété individuelle indigène en Algérie, ouvert par l'art. 1er de la loi du   1884.

Il sera pourvu au remboursement de l'avance de 1,560,000 francs autorisée par cette dernière loi, ainsi qu'au remboursement des frais de délimitation et de répartition autorisés par la présente loi, au moyen de ressources spéciales, constituées de la façon suivante :

1o Il convient, tout d'abord, de continuer, pendant trois ans encore (1885, 1886, 1887), la perception des centimes additionnels. On obtiendra ainsi une somme de 2,000,000 à 2,200,000 francs, qui laissera une réserve de 50 à 60,000 francs, réserve bien nécessaire, non seulement pour pouvoir atténuer le taux de la lourde contribution que les collectivités soumises aux opérations auront respectivement à payer, mais encore comme première mise de fonds, indispensable au fonctionnement du service, en attendant le recouvrement des contributions imposées aux collectivités, recouvrement qui devra être réparti en plusieurs termes combinés avec ceux de l'amortissement de l'avance faite par le Trésor ;

2o Désormais, chaque douar auquel la loi sera appliquée aura à payer, une fois les opérations accomplies sur son territoire, une contribution fixée proportionnellement à la superficie des propriétés constatées ou constituées, d'après un taux par hectare à déterminer. C'est l'application du vœu formulé, en ces termes, par le conseil supérieur de gouvernement, dans sa session extraordinaire de février 1884 : « Les travaux entrepris dans le but d'opérer la reconnaissance et le levé parcellaire du territoire algérien seront à la charge de la propriété et par douar. »

Une contribution analogue sera réclamée, à titre de rappel, aux douars et fractions chez lesquels les opérations ont déjà été accomplies.

On propose ainsi d'étendre rétroactivement au passé le mode de règlement des dépenses proposé pour l'avenir par le conseil supérieur. Une distinction ne se justifierait pas. Du moment, en effet, que l'on adopte le principe de la suppression des centimes additionnels qui devaient être payés indistinctement par tous les douars jusqu'à la constitution complète de la propriété en Algérie, on ne comprendrait pas que ceux qui ont déjà bénéficié de l'exécution de la loi fussent affranchis désormais de tout paiement, tandis que les autres seraient soumis à une charge d'autant plus lourde qu'elle ne serait plus partagée. Le même traitement doit être appliqué à tous. L'égalité de charges est commandée, non seulement par l'équité, mais encore par la nécessité d'assurer des ressources au service de la propriété indigène.

3° Une contribution sera également imposée à l'État et aux communes, en ce qui concerne les immeubles dont la propriété leur a été déjà ou leur sera attribuée à l'avenir par suite des opérations.

Il ne serait pas juste de faire payer aux indigènes les frais de constatation de ces immeubles. La charge en incombe évidemment aux bénéficiaires.

Comme pour les douars, la mesure a un effet rétroactif. Cette rétroativité est commandée par la situation financière de la propriété indigène.

Inutile d'ajouter que cette disposition n'atteindra pas les immeubles dont la domanialité ou le caractère communal auraient déjà été constatés avant les opérations d'enquête. Elle ne s'appliquera qu'aux immeubles dont la dévolution sera le résultat même de ces opérations.

4° Le gouvernement propose de faire rembourser, à l'avenir, par les communes intéressées et de faire verser au fonds commun les frais de levé des plans des communaux indigènes déjà constitués compris dans les circonscriptions soumises aux opérations.

Ce remboursement est juste. Les plans de ces communaux, qui s'élèvent, dans beaucoup de douars-communes, à plusieurs milliers d'hectares, servent et sont même nécessaires aux communes pour la mise en valeur des immeubles. C'est dont aux budgets communaux à en supporter la charge. Il n'a pas semblé, toutefois, en raison des difficultés, des impossibilités même auxquelles on se heurterait, de revenir sur le passé, et la mesure ne vise que l'avenir.

Une disposition spéciale laisse à un décret le soin de fixer le taux par hectare, ainsi que le mode et les termes de paiement des sommes prévues aux paragraphes 2, 3 et 4 qui précèdent.

Art. 23. — Cet article abroge toutes dispositions antérieures contraires à la nouvelle loi.

Tels sont, messieurs, les motifs du projet de loi soumis à vos délibérations. Dictées par l'expérience et résultat d'études mûries, ces dispositions sont conformes à l'esprit de la loi de 1873 et ne font qu'améliorer les moyens d'exécution qu'elle avait prévus. Le gouvernement a la confiance que vous voudrez bien y donner votre sanction. »

PROJET DE LOI

Art. 1ᵉʳ. — Il est apporté à la loi du 26 juillet 1873 les modifications et additions suivantes :

Art. 2. — Il sera procédé administrativement et dans le plus bref délai, suivant les formes et conditions qui seront déterminées par un décret, aux opérations de délimitation et de répartition prévues par les paragraphes 1 et 2 de l'art. 2 du sénatus-consulte du 22 avril 1863, dans toutes les tribus où ces opérations n'ont pas déjà été exécutées.

Art. 3. — En cas d'indivision entre plusieurs familles, constatée au cours des opérations prescrites par le chapitre 1er du titre II de la loi du 26 juillet 1873, il sera procédé, dans les formes organisées par ladite loi, à la répartition, entre ces familles, des immeubles commodément partageables.

Sous l'appellation de familles sont compris tous les successibles jusqu'au sixième degré inclusivement.

Art. 4. — Il ne pourra être procédé que dans les conditions et les formes de la loi française aux cessions, licitations et partages de droits successifs portant sur des immeubles soumis à la loi du 26 juillet 1873.

Art. 5. — Les délais de trois mois fixés par les art. 14 et 18 de la loi du 26 juillet 1873 sont réduits à quarante-cinq jours.

Art. 6. — Un délai complémentaire de quarante-cinq jours, à partir de la transcription du titre français, est accordé à tout créancier hypothécaire ou prétendant à un droit réel sur l'immeuble, pour remplir les formalités d'inscription ou de transcription prescrites par l'art. 19 de la loi du 26 juillet 1873.

Les inscriptions prises et les transcriptions faites après l'expiration de ce délai ne vaudront, à l'égard des tiers, qu'à partir de leur date.

Art. 7. — Les formalités spéciales prescrites par les art. 25, 26, 27, 28 et 30 de la loi du 26 juillet 1873, pour les transmissions d'immeubles indigènes à des Européens opérées avant la délivrance des titres, sont ainsi modifiées :

Le contrat sera reçu par un notaire, et un extrait en sera remis à l'administration des domaines, avec une copie du plan y annexé, indiquant les tenants et les aboutissants de l'immeuble.

Pareil extrait, avec une copie du plan, sera déposé au greffe de la justice de paix de la situation des biens en vue du bornage de l'immeuble.

L'acquéreur devra consigner au greffe une somme égale au montant des frais présumés des opérations ci-après indiquées.

Les opérations de bornage seront, à la diligence du greffier, portées, au moins vingt jours à l'avance, à la connaissance du public, par l'insertion aux journaux et la publication, dans les conditions et aux fins énoncées à l'art. 8 de la loi du 26 juillet 1873, d'une copie dudit extrait mentionnant la date fixée pour le bornage par le juge de paix.

Le juge de paix, assisté de l'acquéreur, procédera au bornage, en présence du vendeur, ou lui dûment appelé, conformément aux limites indiquées au contrat et au plan.

Le procès-verbal de l'opération constatera l'accomplissement des formalités de publicité et contiendra les réclamations et revendications formulées par les tiers intervenants ; la date de sa clôture sera portée à la connaissance du public dans la même forme que la date de l'ouverture des opérations.

Toute nouvelle réclamation ou revendication devra, à peine de déchéance, être formulée entre les mains du greffier, dans le délai de quarante-cinq jours, à dater de la clôture du procès-verbal de bornage. Elle sera inscrite à la suite du procès-verbal, et avis sera donné à l'acquéreur et au vendeur, à leur domicile élu, par lettre chargée à la poste.

A défaut de réclamation ou revendication, le certificat négatif prévu par l'art. 30 sera délivré par le juge de paix.

Au vu du certificat négatif délivré par le juge de paix, l'administrateur des domaines délivrera les titres de propriété, comme il est dit à l'art. 30 de la loi de 1873, et le service des contributions directes sera tenu d'établir, au vu de ces titres, la matrice foncière indiquant le numéro de chaque propriété, la situation, etc.

Art. 8. — Les immeubles dépendant des territoires de propriété collective où les opérations prescrites par le chapitre 2 du titre II de la loi du 26 juillet 1873 n'ont pas encore été exécutées pourront donner lieu à des promesses de vente au profit d'Européens, sous l'engagement, pris par le vendeur, de se mettre en instance, dans le délai de trois mois, pour obtenir de l'administration la délivrance d'un titre de propriété. Passé ce délai, faute de requête en délivrance de titre, la promesse de vente sera nulle de plein droit.

Art. 9. — La requête en délivrance de titre sera appuyée d'un extrait du contrat notarié, du plan de l'immeuble et de la consignation des frais.

Au plus tard un mois après le dépôt de la requête, il sera procédé à une enquête. Vingt jours au moins à l'avance, l'ordonnance du commissaire-enquêteur indiquant le jour de cette enquête sera insérée au *Mobacher*.

Elle sera, en outre, affichée et publiée suivant les formes et aux fins énoncées à l'art. 8 de la loi du 26 juillet 1873.

Art. 10. — Le procès-verbal de cette enquête, qui sera suivie d'un bornage, restera déposé à la mairie pendant le délai de quarante-cinq jours, aux fins indiquées aux art. 14 et 15 de ladite loi. La traduction en arabe sera déposée, pendant le même délai, entre les mains du cadi. Ce dépôt sera porté à la connaissance des intéressés par un avis affiché au chef-lieu de la commune et par des publications sur les marchés de la tribu.

Le lendemain de l'expiration du délai, le commissaire-enquêteur se transportera sur les lieux, à l'effet de vérifier l'objet des réclamations et d'arrêter définitivement ses conclusions, qui viseront tous les ayants-droit de l'immeuble objet de la requête.

Art. 11. — L'homologation du procès-verbal de ladite enquête et l'établissement des titres auront lieu dans les conditions déterminées par l'art. 20 de la loi du 26 juillet 1873 et par la loi du 14 juillet 1879.

Le service des contributions directes sera tenu d'établir, au vu des titres, la matrice foncière de l'immeuble.

Art. 12. — Les immeubles appartenant aux indigènes pourront, après l'accomplissement des opérations du titre II de la loi du 26 juillet 1873, être partagés ou licités pour la première fois suivant les formes spéciales ci-après, à la requête de tout copropriétaire, tuteur ou curateur et de tout créancier de l'un des copropriétaires.

Art. 13. — Si les parties sont d'accord et capables de contracter, le partage aura lieu par acte passé devant un notaire ou un greffier notaire.

Art. 14. — Si parmi les ayants-droit indigènes se trouvent des incapables et des absents, le partage aura lieu dans la même forme, avec le concours de leurs tuteurs ou des cadis, leurs représentants légaux; mais il ne sera définitif qu'après avoir été homologué par le tribunal de première instance, en chambre du conseil, sur les réquisitions écrites du procureur de la République.

Art. 15. — S'il s'élève des contestations pendant les opérations du partage amiable, elles seront portées : en premier ressort, devant le juge de paix de la situation des biens, et, en appel, devant les tribunaux de première instance.

Art. 16. — Si les parties ne sont pas d'accord pour un partage amiable, il y sera procédé judiciairement, conformément aux articles 966 et suivants du Code de procédure civile, sauf les modifications ci-après.

Art. 17. — Toute action en partage ou en licitation devra, à peine d'une amende de 100 francs contre l'officier ministériel qui l'aura introduite et de tous dommages-intérêts, être précédée de la nomination d'un représentant unique des défendeurs indigènes, à l'encontre duquel la procédure sera valablement suivie.

Cette nomination sera faite, à la requête du poursuivant, par le juge de paix de la situation des biens, sur la désignation des intéressés, convoqués par lui dans les formes établies en matière de justice musulmane, ou d'office, en cas de désaccord ou de non comparution. La décision du juge de paix ne sera pas susceptible d'appel.

Art. 18. — Il n'y aura, de même, qu'un seul défendeur ou avoué pour tous les défendeurs indigènes, à moins que, dans le cours de la procédure, il ne surgisse des incidents qui, en raison des oppositions d'intérêts, rendraient nécessaires la constitution d'autres officiers ministériels et la désignation d'un représentant spécial pour chaque groupe ayant le même intérêt.

Art. 19. — Les partages et licitations, accomplis suivant les formes qui précèdent, produiront les effets déterminés par les art. 883 et suivants du Code civil, et ne pourront être attaqués que pour les causes et dans les conditions prévues par les art. 887 et suivants du même code.

Art. 20. — Dans les partages et licitations opérés en exécution des art. 12 et suivants de la présente loi, il ne sera passé en taxe aux notaires, greffiers notaires, défenseurs ou avoués que leurs déboursés, avec des honoraires qui seront fixés d'après un tarif réduit proportionnellement à la valeur ou au montant de l'adjudication.

Un décret déterminera les tarifs.

Art. 21. — Tous les actes faits et les jugements rendus, en exécution des art. 12 et suivants de la présente loi, dans les cinq ans qui suivront la transcription des titres administratifs seront exempts du timbre et enregistrés gratis. Pour les titres transcrits antérieurement à la promulgation de la présente loi, le délai de cinq ans courra du jour de cette promulgation.

Art. 22. — Les frais occasionnés par les opérations de délimitation et de répartition des territoires des tribus seront portés en dépense au compte spécial : avances au service de la propriété individuelle indigène en Algérie, ouvert par l'art. 1er de la loi du....

Il sera pourvu au remboursement de l'avance de 1,560,000 fr. autorisée par cette dernière loi, ainsi qu'au remboursement des frais de délimitation et de répartition autorisés par la présente loi, au moyen, savoir :

1° Des centimes additionnels à l'impôt arabe établi par le décret du 27 juillet 1875, et dont la perception continuera d'être faite pendant les années 1885, 1886 et 1887 ;

2° Des sommes respectivement imposées, par voie de centimes additionnels à l'impôt et proportionnellement à la superficie des propriétés constatées ou constituées, aux douars ou fractions de douars chez lesquels les opérations ont déjà été ou seront accomplies ;

3° Des sommes également imposées à l'État et aux communes pour les superficies dont la propriété leur a déjà été ou leur sera attribuée par suite de ces opérations;

4º Du recouvrement qui sera fait, à l'avenir, sur les communes intéressées, des frais de levé des communaux indigènes déjà constitués, qui se trouveront compris dans les circonscriptions soumises aux opérations.

Ces diverses natures de ressources seront portées en recette au compte d'avances ci-dessus mentionné.

Un décret fixera le taux par hectare, ainsi que le mode et les termes de paiement des sommes prévues aux paragraphes 2, 3 et 4 du présent article.

Art. 23. — Sont abrogées toutes dispositions antérieures contraires à la présente loi.

RAPPORT AU SÉNAT

FAIT AU NOM DE LA COMMISSION (1) PAR M. CASIMIR FOURNIER

I

« Dès les premiers jours de la conquête de l'Algérie, la France s'est engagée envers les indigènes à respecter leurs propriétés. La loi du 16 juin 1851, dont l'honorable M. Henri Didier, aujourd'hui président de votre commission, fut le rapporteur, a déclaré, dans son article 10, que « la propriété était inviolable, sans distinction entre les possesseurs indigènes et les possesseurs français ou autres », et, dans son article 11, elle a « reconnu, tels qu'ils existaient au moment de la conquête ou tels qu'ils avaient été maintenus, réglés ou constitués postérieurement par le gouvernement français, les droits de propriété et les droits de jouissance appartenant aux particuliers, aux tribus ou aux fractions de tribus ». Le sénatus-consulte du 22 avril 1863 est resté fidèle à ces précédents, et M. le général Allard écrivait, dans son rapport, que « l'administration française n'avait jamais élevé d'autre prétention sur les territoires conquis que celle de se mettre en possession du domaine de l'État algérien, tel qu'il se trouvait constitué entre les mains des Turcs ».

Ainsi, à aucune époque, on n'a conçu la pensée de porter atteinte à la propriété indigène. Tout au contraire, on a, dès l'origine, voulu qu'elle fût respectée. Elle devait l'être à cause des promesses faites et pour l'honneur de notre pays; elle devait l'être aussi parce que, quel que fût l'état de la propriété, il constituait un point de départ pour les améliorations progressives destinées à rapprocher la société arabe de notre civilisation et de nos mœurs.

Mais, s'il était facile autant que juste de placer au-dessus de toute contestation le principe de la propriété, il a été infiniment difficile de reconnaître les propriétés, de distinguer et de définir les différents genres de possession, de constater les droits avec assez d'exactitude pour que la terre algérienne pût devenir la matière de transactions sérieuses.

Ce n'était qu'à ce prix que la population européenne pouvait s'établir et la colonisation se développer; mais, il faut bien le reconnaître, les difficultés de la question prise en elle-même ont été longtemps compliquées des incertitudes résultant des conceptions diverses sur l'avenir de l'Algérie. On peut dire que ces incertitudes ont duré jusqu'à ce que l'Assemblée nationale prît, en 1873, un parti définitif.

L'Assemblée nationale a dit, dans la loi du 26 juillet 1873, que le droit

---

(1) Cette commission était composée de MM. Henri Didier, *président;* de Verninac, *secrétaire;* Casimir Fournier, l'amiral Jauréguiberry, Forcioli, Le Monnier, le général Pélissier, Michaux, Jacques.

de propriété en Algérie, son établissement, sa conservation seraient régis par la loi française, et elle a édicté, dans le plus grand détail, une procédure de constatation de la propriété privée et de constitution de la propriété individuelle.

Cette résolution une fois formée, il était de l'intérêt des indigènes comme des colons que la loi fût mise à exécution le plus tôt possible.

Cependant, au 31 décembre 1884, il n'avait encore été délivré de titres que dans 107 douars, représentant 712,125 hectares, et les levés parcellaires effectués par le service de la topographie et des levés généraux pour l'établissement de la propriété individuelle n'avaient porté que sur 1,891,1886 hectares, alors que ces opérations doivent porter sur 7 ou 8 millions d'hectares (1).

L'administration algérienne attribue ce retard dans l'application de la loi du 26 juillet 1873 à des imperfections de cette loi qu'elle vous propose de corriger.

Et, à cet effet, elle a étudié une série de dispositions pour la plupart d'ordre réglementaire et qui tendent à rendre les opérations plus rapides et moins coûteuses, mais qui ne portent aucune atteinte au principe de la loi de 1873. M. le gouverneur général est venu au sein de la commission pour demander avec instance l'adoption du projet, de préférence à tout autre système. Le conseil supérieur, nous a-t-il dit, partage cette opinion; après des études approfondies, cette assemblée a pensé qu'il convenait de s'en tenir à une réforme modeste mais utile, et d'arriver le plus tôt possible à une solution.

Un avis contraire a été émis dans la commission et a été soutenu avec beaucoup d'énergie par M. Forcioli. Suivant notre honorable collègue, il y aurait lieu d'abandonner la voie où l'on est engagé, d'enlever à la constitution de la propriété son caractère d'opération administrative, de laisser aux tribunaux de l'ordre judiciaire le soin de constituer la propriété, en statuant sur les litiges qui pourront surgir entre les divers prétendants, et de faciliter seulement l'œuvre des tribunaux par la confection d'un cadastre.

La majorité de la commission ne s'est pas rangée à cet avis; elle a pensé qu'il fallait, dans l'intérêt de la colonisation, continuer et mettre à fin la constatation de la propriété individuelle d'après les règles tracées en 1873.

---

(1) D'après la statistique officielle de l'Algérie, 1882-1884, p. 141 :

1° La superficie totale des propriétés rurales possédées par des Européens est, au 31 décembre 1884, de. . , ...   1.180.813 h.
2° La superficie des forêts du Tell et de. 2.125.402
L'exposé de la situation de l'Algérie de 1884 indique que les immeubles domaniaux non affectés à un service public sont d'une contenance de. 815.443
Et les immeubles affectés à un service public, d'une contenance de. 33.327

Si au total, qui est de. 4.154.985,

on ajoute la superficie des villes et villages de la Kabylie dans lesquels la propriété est constatée, et qu'on considère, d'autre part, que la superficie entière du Tell comprend 14 millions d'hectares, on voit qu'il reste environ 8 millions d'hectares pouvant donner lieu à l'application de la loi de 1873.

II

L'exposé des motifs qui vous a été distribué entre dans des détails ré-
trospectifs sur l'état des terres occupées par les indigènes au moment
de la conquête d'Alger; il reproduit les dénominations sous lesquelles elles
étaient connues, suivant qu'elles étaient considérées comme composant le
domaine propre de l'État (beilyck), ou comme appartenant au bey, mais
grevées d'une sorte d'usufruit au profit de la tribu (arch), ou enfin comme
des propriétés privées, appartenant soit à des familles, soit à des individus
(melk).

Nous ne reprendrons point cette terminologie que les rédacteurs de la
loi de 1873 ont abandonnée pour éviter l'écueil d'une interprétation difficile (1). L'article 1er du sénatus consulte du 22 avril 1863 a déclaré les
tribus de l'Algérie propriétaires des territoires dont elles avaient la jouissance permanente ou traditionnelle, à quelque titre que ce fût. Il y avait donc,
en Algérie, au moment où intervenait la loi de 1873, des tribus, des
familles ou des individus propriétaires, ou, en d'autres termes, des propriétés collectives, des propriétés familiales indivises ou des propriétés privées
et individuelles.

Pour les unes, les transactions immobilières entre indigènes et Européens étaient interdites, car l'article 6 du sénatus-consulte de 1863 statuait
que la délivrance des titres, après le partage des propriétés collectives, permettrait seule l'aliénation; pour les autres, si l'aliénation était permise en
principe, elle n'offrait en fait aucune sécurité, parce que les titres de propriétés privées, soit familiales, soit individuelles, étaient vagues et suspects
dans leurs énonciations, incomplets quant à la contenance, aux limites et
à la désignation des ayants droit, et parce que l'exercice du droit de retrait
d'indivision, connu sous le nom de *cheffáa*, permettait à des copropriétaires
non dénommés dans les actes d'en annuler les effets.

Ce n'était pas qu'on ne se fût rendu compte, dès 1863, des moyens à employer pour faire cesser cette situation: les auteurs du sénatus-consulte
avaient eux-mêmes tracé le programme d'une vaste opération qui devait
conduire à la reconnaissance et à la constitution de la propriété collective,
instrument de l'influence des chefs indigènes, et on la maintenait sans
limite de temps.

On se bornait donc à prescrire qu'il fût procédé administrativement à la
délimitation du territoire des tribus et à la répartition de ce territoire entre
les différents douars de chaque tribu, avec réserve des terres qui devaient
conserver le caractère de biens communaux.

L'établissement de la propriété individuelle devait suivre; mais à quelle
époque? Quand cette mesure serait jugée utile et opportune par le chef du
pouvoir exécutif. Aux termes de l'article 1er du sénatus-consulte, des
décrets impériaux fixeraient l'ordre et les délais dans lesquels la propriété
individuelle serait constituée pour chaque douar.

---

(1) « Au dualisme des mots *melk* et *arch* nous substituons l'appellation
générique du mot *propriété*, dont la définition, dans notre droit public, ne
peut donner lieu à aucune erreur, en y adaptant, suivant les cas, l'un des
deux modes de possession exprimés par les termes *privée* et *collective*. »
(Rapport de M. Warnier sur le projet de 1873.)

En attendant, l'aliénation était interdite aux propriétaires collectifs : « La propriété individuelle qui sera établie au profit des membres des douars ne pourra, disait l'article 6 du sénatus-consulte, être aliénée que le jour où elle aura été régulièrement constituée par la délivrance des titres. » Seuls, les détenteurs de propriétés privées, familiales ou individuelles pouvaient aliéner ; mais nous avons déjà dit quels obstacles écartaient les acheteurs sérieux et, tout en avilissant les prix, rendaient les transactions presque impossibles.

Quoiqu'on eût répété, dans un règlement d'administration publique du 23 mai 1863, la promesse de la constitution de la propriété individuelle, aucune tribu n'avait vu s'accomplir cette opération lorsque la loi du 26 juillet 1873 est intervenue. La délimitation des tribus et la répartition entre les douars avaient seules eu lieu, et cela sur la moité de la surface du Tell.

Non seulement les commissions administratives s'étaient bornées à ces opérations préliminaires dans les territoires possédés à titre collectif par les tribus, mais elles avaient négligé l'exécution des articles 10 et suivants du décret du 23 mai 1863, qui organisaient un système de revendications à exercer soit par les propriétaires, soit par le Domaine, et à la suite desquelles la propriété devait se trouver fixée, tant au profit des particuliers revendiquants qu'au profit de l'État.

On se trouvait donc toujours et partout en présence de propriétés collectives et, par cela même, inaliénables, ou de propriétés privées aliénables en principe, mais soumises au communisme familial, possédées en vertu de titres suspects, grevées de causes de résolution occultes, par conséquent non susceptibles d'être acquises avec quelque sécurité.

D'une autre part, la reconnaissance par grandes masses et l'inexécution des prescriptions relatives aux revendications individuelles n'avaient pas permis au Domaine de se faire attribuer les parcelles qui lui appartenaient comme représentant du beylick et celles qui se trouvaient vacantes et sans maître. A défaut de la possibilité d'acquérir des terres par voie de transaction amiable, l'activité de la colonisation aurait pu au moins s'exercer sur ces parcelles que l'administration aurait vendues ou concédées. Cet élément même lui manquait.

C'est en cet état que se trouvait la propriété en Algérie lorsque la loi du 26 juillet 1873 a été préparée par l'administration, complétée par la commission de l'Assemblée nationale et enfin votée par cette Assemblée.

Le gouvernement avait présenté deux lois, l'une contenant les principes et l'autre destinée à régler l'exécution de la première. A vrai dire, celle-ci aurait pu constituer un règlement d'administration publique, car elle ne contenait que des dispositions de procédure analogues à celles qui avaient fait la matière du décret du 23 mai 1863. Mais une juste défiance et le souvenir même de ce qui s'était passé, quant à l'exécution de ce dernier décret, portèrent alors à donner toute l'autorité possible aux dispositions nouvelles. C'est ce qui fait que la loi unique qui a réuni les deux projets contient de nombreux textes réglementaires, et ce qui oblige aujourd'hui à recourir à l'intervention du pouvoir législatif pour modifier ces mêmes textes, tout en appliquant les mêmes principes et en poursuivant le même but.

III

Ces principes et ce but sont nettement précisés dans le titre Ier de la loi de 1873, intitulé : Dispositions générales.

Placer la propriété immobilière, en Algérie, sa conservation et la transmission contractuelle des immeubles et droits immobiliers sous le régime de la loi française, notamment en ce qui concerne la transcription (L. 23 mars 1855) ;

Abolir, en conséquence, tous droits réels, servitudes ou causes de résolution fondés sur le droit musulman ou kabyle en opposition à la loi française ;

Faire du droit de cheffâa l'équivalent pur et simple du retrait successoral autorisé par l'article 841 du Code civil (art. 1 et 2) ;

Subordonner, d'autre part, le maintien de l'indivision aux dispositions de l'article 815 du Code civil (art. 4), de manière à préparer sans violence le passage de la propriété familiale à la propriété individuelle ;

Constituer, dans les territoires de propriété collective, la propriété individuelle par l'attribution aux ayants droit d'un ou plusieurs lots de terre et par la délivrance de titres contenant des noms de famille ;

Constater, dans les territoires de propriété privée, les droits individuels et faire en sorte que, désormais, toute transmission de ces droits donne lieu à l'établissement d'un titre conforme aux exigences de le loi française (art. 2) ;

Tel est, dans son ensemble, le système de la loi du 26 juillet 1873 ; on ne propose pas, et, suivant la majorité de la commission, on ne saurait proposer de rien changer à ces vues générales ; il s'agit d'en procurer une application plus prompte et d'en développer les conséquences. Les innovations, à proprement parler, ne peuvent donc affecter que le titre II, qui traite de la procédure relative à la propriété privée et à la constitution de la propriété individuelle, et le titre III, qui sous la rubrique : Dispositions transitoires, organise une purge spéciale pour les immeubles acquis des indigènes par les Européens avant la délivrance des titres.

IV

Tout d'abord, la loi nouvelle ordonne l'exécution préalable, dans les tribus qui n'ont pas été soumises à l'application du sénatus-consulte du 22 avril 1863, des opérations de délimitation et de répartition prévues par les paragraphes 1 et 2 de l'article 2 de ce sénatus-consulte.

A vrai dire, il n'y a pas là d'innovation ; les auteurs de la loi du 26 juillet 1873 avaient compris et entendu que la propriété individuelle, dans les tribus où la propriété était collective, ne serait constituée et assise qu'après une reconnaissance préalable du périmètre du territoire de la tribu et des différents douars compris dans la tribu. Pour déterminer, en effet, l'étendue des attributions particulières, il était indispensable de reconnaître exactement et de délimiter le sol à répartir.

Mais la loi du 26 juillet 1873, tout en maintenant ce préalable nécessaire, avait abrogé le décret du 22 mai 1863. qui réglait les formes de la reconnaissance de la propriété collective, en sorte que l'administration se trouvait n'avoir pas de procédure tracée pour cette opération et hésitait à s'y engager. L'article 2 de la loi nouvelle ordonne qu'un nouveau décret tracera ces règles, afin que la délimitation puisse avoir lieu dans le plus bref délai possible.

On trouve dans l'exposé des motifs présenté par le gouvernement l'indication des bases sur lesquelles reposerait ce nouveau décret :

« L'intention du gouvernement, y est-il dit, est de confier les opérations de délimitation et de répartition, non pas à des commissions administratives organisées dans les conditions prévues par le décret du 23 mai 1863, ni aux commissaires enquêteurs, dont la mission est déjà suffisamment longue sans la compliquer encore, mais au personnel des communes mixtes, placé dans les meilleures conditions pour accomplir ces travaux avec compétence, rapidité et économie. »

Ces explications à elles seules feraient comprendre pourquoi l'on ne propose pas d'en revenir au décret du 23 mai 1863 comme au sénatus-consulte dont il réglait l'exécution. Mais, d'ailleurs, un retour pur et simple au décret du 23 mai 1863 impliquerait aussi le maintien des procédés suivis par les commissions administratives ; or, ces procédés ont soulevé de vives réclamations. On s'est plaint que l'interprétation des termes du sénatus-consulte « jouissance permanente et traditionnelle » ait été trop large, et qu'on ait transformé en propriétaires définitifs de simples locataires de l'État ; on a représenté les commissions administratives comme trop promptes à sacrifier les droits de l'État sur les biens en déshérence ou ceux qui provenaient du beylick. Ces complaisances pour les occupants, a-t-on dit, étaient autant d'atteintes portées à la colonisation...

Sans examiner si ces reproches sont absolument fondés, nous devons exprimer le désir et l'espoir que les opérations entreprises désormais, si elles ne retirent rien aux indigènes des avantages que le sénatus-consulte leur a conférés, ne sacrifient rien non plus des droits de l'État ; et c'est dans cet esprit que le nouveau décret devra être conçu et appliqué.

<h3 style="text-align:center">V</h3>

Après l'article 2, dont nous venons de justifier l'adoption, nous entrons dans l'ordre des dispositions tout à fait spéciales qui ont pour but de compléter et de rectifier la procédure organisée en 1873.

Ainsi, l'article 3, destiné à faire cesser l'indivision entre plusieurs familles distinctes, est nécessaire pour donner à la constitution de la propriété individuelle sa véritable portée. A quoi servirait, en effet, de déclarer que la terre est possédée à titre individuel et comme propriété privée, si, par l'effet d'une indivision entre des copropriétaires en nombre illimité, les licitations devaient entraîner des frais énormes et les transactions immobilières, comme par le passé, rester dépourvues de toute sécurité ?

L'exposé des motifs contient, à cet égard, des détails et des exemples qui sont convaincants ; certaines licitations, y est-il dit, ont dû être opérées, dans les formes judiciaires, entre cent, deux cents et jusqu'à quatre cent quarante et un ayants droits ; elles ont coûté cinq mille, six mille et jusqu'à douze mille francs ; au cours des opérations effectuées dans le département d'Alger en vue de la délivrance des titres, des indigènes se sont vu attribuer des fractions indivises absolument insignifiantes, sans aucune valeur effective, mais auxquelles le droit de retrait successoral n'en restait pas moins attaché. Le remède à cette situation est de faire cesser l'indivision entre familles, au moyen de partages opérés par le commissaire enquêteur chargé de reconnaître et de constater la propriété individuelle.

Si l'on concevait des doutes sur la légitimité d'une semblable mesure, c'est qu'on hésiterait sur le principe même de la loi et sur l'application, en Algérie, du régime de la propriété française ; car les propriétés dont il s'agit ne sont individuelles que de nom et ne correspondent à aucun des modes d'occupation et d'exploitation pratiqués dans la métropole ; or, nous poursuivons l'assimilation dans les choses et non pas seulement dans les dénominations.

Le commissaire enquêteur aura donc pour mission de faire cesser cette indivision entre les familles, et, pour cela, quand il opérera sur des territoires possédés, dans cette forme, à titre de propriété privée, il procédera, suivant la mesure des droits de chaque famille copropriétaire, à une attribution de part.

L'article 3 fait une exception pour le cas où les immeubles indivis ne seraient pas commodément partageables ; dans ce cas, le commissaire n'aura pas à opérer de répartition. Les intéressés pourront seulement, s'ils le jugent convenable, requérir la licitation, conformément à l'article 815 du Code civil.

Les conditions de la commodité du partage ont été précisées et définies par la jurisprudence qui s'est formée pour l'application de l'article 827 du même Code, et les difficultés qui pourront s'élever à cet égard seront de la compétence des tribunaux de l'ordre judiciaire, aux termes de l'article 18 de la loi du 26 juillet 1873.

VI

L'article 4 est, comme celui qui le précède, une disposition indispensable pour compléter la loi du 26 juillet 1873 et en assurer l'effet durable et permanent. C'est vainement, en effet, que le Domaine délivrerait des titres établis conformément à la loi française, si, à la première mutation par décès, les cadis, constatant une licitation, un partage en nature, employaient précisément les formes dont l'imperfection a jeté l'incertitude sur la propriété immobilière des indigènes.

Or, c'est ce que l'article 7 de la loi du 26 juillet 1873, plus ou moins exactement interprété, autorise ou tolère, en maintenant les règles de succession des indigènes entre eux. Grâce à la procédure musulmane, on ne peut manquer de retomber, à bref délai, dans la confusion dont on a eu tant de peine à sortir.

Pour éviter qu'il en soit ainsi, lorsque désormais un titre aura été délivré, en vertu de la loi de 1873 et de la présente loi, il ne pourra, au cas de licitation ou de partage, être remplacé que par un autre titre établi dans les formes et conditions de la loi française. Ainsi, la législation sur la transmission de la propriété sera uniforme : quelle que soit la cause de la transmission, vente, donation, succession, la forme des actes sera celle que prescrivent le Code civil et le Code de procédure civile. Quant au fond, la présente loi, non plus que celle de 1873, ne touche aux règles du droit musulman sur les successions.

VII

L'article 5 du projet tendait à réduire de trois mois à quarante-cinq jours les délais impartis par l'article 14 de la loi du 26 juillet 1873 pour prendre connaissance du procès-verbal de l'enquête, et par l'article 18 pour contester les titres provisoires établis par le service des domaines. D'après l'exposé des motifs, la procédure devenait ainsi plus rapide, sans que les garanties dues aux intéressés fussent réellement compromises. La majorité de votre commission n'a point partagé cette opinion ; elle a craint qu'un délai de quarante-cinq jours ne suffit pas à des indigènes peu éclairés, peut-être éloignés de leurs propriétés ou absents, pour s'éclairer sur la marche de l'enquête, prendre parti sur le résultat et se présenter devant les tribunaux de l'ordre judiciaire. Elle vous propose, en conséquence, la suppression de l'article 5.

VIII

La disposition qui suit dans le projet, et qui devient l'article 5, a pour but d'apporter un correctif à l'article 19 de la loi de 1873, et d'accorder un complément de facilités et de garanties aux créanciers hypothécaires ou à tous autres prétendants à des droits réels sur les immeubles soumis à la constatation et à la reconnaissance de la propriété.

Aux termes de cet article 19, toute inscription d'hypothèque, toute transcription de titres conférant des droits réels devaient précéder la transcription du titre français.

Le nouveau texte accorde, à partir de cette transcription, un délai supplémentaire de quarante-cinq jours.

En fait, ce délai n'est que suffisant pour permettre aux tiers intéressés de se procurer les éléments des inscriptions, transcriptions ou renouvellements d'inscriptions qu'ils ont à faire, et qui doivent, pour obéir à l'art 19 de la loi de 1873, contenir les noms de famille et prénoms portés dans les titres.

Cette raison nous paraîtrait, en droit, justifier une dérogation aux principes de la loi du 23 mars 1855, à l'effet de permettre, comme le faisait l'ancien article 834 du Code de procédure civile, des inscriptions postérieures à l'acte translatif de propriété ; mais, d'ailleurs, il ne s'agit pas ici, à proprement parler, d'un acte translatif, mais d'un acte constatant une propriété qui change de titre sans changer de mains. Il ne peut y avoir que des avantages à permettre aux tiers de n'agir qu'après la transcription du titre français ; comme ils pourront en obtenir communication, les inscriptions nouvelles ou renouvelées n'auront lieu qu'à coup sûr et dans des conditions de parfaite régularité. L'ensemble de l'opération n'en sera pas, d'ailleurs, retardé.

L'article 5 (ancien 6) stipule que les inscriptions prises et les transcriptions faites après l'expiration du délai de quarante-cinq jours n'auront d'effet, à l'égard des tiers, qu'à partir de leur date. C'est dire implicitement que les inscriptions renouvelées en temps utile conserveront leur date et leur rang originaires, tandis que celles qui ne le seront qu'après l'expiration du délai ne prendront rang que du jour de la nouvelle inscription, conformément au droit commun (Code civil, article 2134). Quant aux transcriptions, à quelque époque qu'elles se produisent, la priorité serait évidemment marquée par l'ordre des dates.

IX

Dans l'article 6 du projet (ancien 7), la loi nouvelle modifie les articles 25, 26, 27, 28 et 30 de la loi du 26 juillet 1873, tous compris dans le titre III, sous la rubrique : Dispositions transitoires.

Ces articles ont eu pour but, comme l'expliquait, en 1873, le rapport de M. Warnier, de conserver, en attendant que la loi fût exécutée partout, à la propriété possédée privativement le droit de libre transmission qui avait été reconnu par l'article 6 du sénatus-consulte du 22 avril 1863.

Et si, comme on l'avait espéré, il avait été possible de donner aux acquéreurs toutes les garanties nécessaires, il faut bien reconnaître que l'Algérie aurait attendu, sans trop d'inconvénient ni d'impatience, l'achèvement de l'opération d'ensemble : mais, si compliquées que fussent les formalités prescrites, elles n'avaient pas donné la sécurité aux acquéreurs, parce que l'absence d'un bornage public et « contradictoire » laissait toujours subsister des doutes sur les limites. C'est essentiellement ce bornage que le nouvel article 6 introduit et réglemente, tout en simplifiant les autres formalités.

Les dispositions de l'article 7 (ancien) du projet, dit l'exposé des motifs, peuvent être ainsi résumées :

« L'acte de vente doit être reçu par un notaire et être accompagné du plan de l'immeuble. Un extrait du contrat et une copie du plan sont remis à l'administration des domaines, non seulement en vue de l'obtention ultérieure du titre français, mais encore pour permettre à cette administration de faire opposition à la vente, si elle est illégale ou faite au préjudice des droits de l'État. Pareils documents sont déposés au greffe de la justice de paix, en vue du bornage de l'immeuble. La date fixée pour l'opération est annoncée au moins vingt jours à l'avance par les soins du greffier, au moyen de l'insertion aux journaux et de la publication dans la localité intéressée de la copie de l'extrait déposé.

Le bornage est effectué par le juge de paix, qui consigne sur le procès-verbal les réclamations des tiers intervenants. Toute réclamation nouvelle devra, à peine de déchéance, être formée entre les mains du greffier, dans le délai de 45 jours, à dater de la clôture du procès-verbal de bornage. A défaut de réclamation ou de revendication, le certificat négatif, qui, précédemment, devait être délivré par le procureur de la République, le sera par le juge de paix. »

En principe, votre commission ne peut qu'approuver les simplifications ainsi introduites dans la procédure qui conduit à la délivrance d'un titre définitif formant, comme le veut l'article 30 de la loi du 26 juillet 1873, le point de départ unique de la propriété, à l'exclusion de tous titres antérieurs ; mais elle croit devoir vous proposer diverses modifications au texte du projet.

La première, suggérée par l'honorable M. Henri Didier, sans rien changer au sens du texte, a pour but d'éviter l'expression d'immeubles indigènes, qui manque de correction, et d'exprimer, en termes plus clairs, que l'article 6 (nouveau) a trait aux transmissions, par des indigènes à des Européens, d'immeubles constituant des propriétés privées, non encore soumises à la vérification des titres.

La seconde est également de pure forme; elle spécifie plus clairement qu'un plan indiquant les tenants et aboutissants de l'immeuble vendu sera annexé à l'acte notarié qui constatera la vente, et qu'un extrait de cet acte sera remis à l'administration des domaines avec la copie du plan.

En troisième lieu, la commission vous propose d'insérer aux cinquième et septième paragraphes la mention d'un avis à donner à l'administration des domaines, lors de l'ouverture et de la clôture des opérations de bornage.

Une quatrième modification consiste à substituer, dans le huitième paragraphe, à ces mots : « à dater de la clôture du procès-verbal de bornage, » ceux-ci : « à dater de la publication de la clôture du procès-verbal de bornage. » Il a paru, en effet, que le point de départ du dernier délai pour les réclamations ou revendications devait être marqué par un acte public, et non pas seulement par une opération accomplie au greffe et qui pourrait rester secrète pendant une partie du délai lui-même.

Au dernier paragraphe de l'article, nous avons substitué au mot « d'administrateur » celui « d'administration », et nous avons retranché, comme inutile, l'indication des diverses énonciations de la matrice foncière, qui n'ont pas besoin d'être énumérées.

A l'occasion de cet article 6 (nouveau), qui amende sous divers rapports l'article 29 de la loi du 26 juillet 1873, on a soulevé la question de savoir s'il n'y avait pas un changement de plus à introduire dans ce dernier article.

La loi du 26 juillet 1873, a-t-on dit, n'arme pas suffisamment l'acquéreur dans le cas où une réclamation surgit ; il a bien la faculté de renoncer au contrat, sauf son recours contre le vendeur pour les frais et loyaux coûts et tous dommages-intérêts ; mais, s'il croyait préférable de maintenir à la fois son droit et celui du vendeur, sa résistance serait paralysée par le refus de ce dernier d'introduire dans le mois une action tendant à faire décider que la réclamation est mal fondée. Il conviendrait donc, a-t-on ajouté, de permettre à l'acquéreur d'agir lui-même en justice, pour obtenir mainlevée de la réclamation ou revendication qui n'est peut-être qu'une manœuvre concertée avec un vendeur de mauvaise foi.

Votre commission n'a pas cru devoir céder à ces observations. Si le vendeur est de mauvaise foi et qu'il y ait un concert entre lui et le réclamant, nous ne pouvons douter que les tribunaux reconnaissent une action à l'acquéreur pour le faire maintenir en possession (C. civ., art. 1167) ; mais si le vendeur, de bonne foi, renonce à contester une réclamation qu'il juge bien fondée ; s'il se soumet à payer les frais et loyaux coûts, il ne nous semble pas admissible que l'acheteur puisse, malgré lui, l'engager dans un procès ; il suffit que le vendeur rende parfaitement indemne celui avec qui il avait eu le tort de traiter.

L'acquéreur, dira-t-on, peut avoir payé son prix ; mais nous aurions peu de sollicitude pour un contractant aussi imprudent, et nous craindrions, en cherchant à le protéger, de favoriser des spéculations analogues à celles qui ont eu lieu dans les premiers temps de l'occupation de l'Algérie.

Nous maintenons donc le texte comme au projet, sauf les modifications proposées ci-dessus.

X

Les dispositions transitoires de la loi de 1873, qui sont modifiées, comme il vient d'être dit, par l'article 6 (nouveau), ne s'appliquaient qu'aux terres possédées à titre privé ; pour ces terres seulement, on avait cru possible de devancer l'exécution des opérations d'ensemble et de permettre que la propriété, transmise par des indigènes à des Européens, fût consolidée dans les mains de ces derniers, par une sorte de purge spéciale. Les articles 7 à 10 de la loi nouvelle ont pour but d'étendre cet avantage à la propriété collective.

On sait que, dans les territoires de propriété collective, les transactions immobilières sont interdites (loi du 16 juillet 1851, article 4 ; sénatus-consulte du 22 avril 1863, article 6) ; il n'avait point jusqu'ici paru possible de livrer à la spéculation des droits peut-être assurés dans leur principe, mais dont l'objet n'était rien moins que certain et défini. Ce que possède, en réalité, chaque chef de famille, dans les territoires occupés par les tribus ou par les douars à titre collectif, c'est l'éventualité d'une attribution à obtenir, avec délivrance de titre, conformément aux articles 20 et suivants de la loi du 26 juillet 1873. Or, cette attribution dépend, quant à son étendue, de la détermination des droits des autres coïndivisaires et de ceux du domaine de l'État, en sorte qu'elle semble ne pouvoir pas être facilement séparée de cette détermination.

Cependant, le gouvernement a cru qu'il était possible de trouver une combinaison de nature à sauvegarder les droits respectifs. Elle consiste dans l'accomplissement d'une enquête spéciale à l'immeuble qu'il s'agit d'aliéner, enquête à la suite de laquelle un titre de propriété sera délivré, s'il y a lieu, dans les formes prescrites par l'article 20 de la loi du 26 juillet 1873.

Comme la nécessité de l'approbation du gouverneur général civil, en conseil de gouvernement, est une solide garantie de la prudence avec laquelle les enquêtes seront contrôlées et les titres délivrés, la majorité de votre commission estime qu'il y a lieu d'autoriser cette constitution de la propriété entreprise par anticipation pour un immeuble distinct ; elle pense que cette innovation sera utile dans les cas où, en territoire de propriété collective, des occupations anciennes et non contestées permettent de prévoir, à peu près sûrement, quelle sera la mesure des attributions définitives lorsque la propriété sera constituée pour la tribu ou le douar. Dans ces cas, et ils sont nombreux, la colonisation pourra, dès à présent, pénétrer dans les territoires de propriété collective, actuellement frappés d'interdit.

La nouvelle procédure sera, d'ailleurs, entourée de garanties telles que l'enquête ne puisse être demandée qu'en vue d'une transaction sérieuse. A l'appui de la demande, on devra produire un extrait de la promesse de vente faite par devant notaire, avec un plan de l'immeuble, et consigner, pour les frais de l'enquête, la somme qui sera fixée par l'administration.

Qui pourra former la demande ? Le projet du gouvernement semblait n'attribuer ce droit qu'à l'indigène vendeur ; il a paru à votre commission qu'il n'y avait aucune raison de le refuser à l'acquéreur, qui pourra, soit obliger par le contrat son vendeur à faire cette démarche, soit prendre lui-même l'initiative, s'il le préfère. Nous avons donc écrit, dans l'article 7 (nouveau), à la place des mots « sous l'engagement pris par le vendeur, » ceux-ci « à la charge par l'un des contractants ».

Nous avons cru qu'il y avait lieu de ne permettre la procédure exceptionnelle dont il s'agit qu'autant que les opérations de constatation et de constitution de la propriété n'avaient pas encore été commencées dans le territoire où serait situé l'immeuble pouvant donner lieu à une promesse de vente ; nous avons donc substitué, dans l'article 7 (nouveau), le mot de « commencées » à celui d' « exécutées » qui se trouve au projet. Lorsque l'opération d'ensemble est engagée, il n'y a pas d'intérêt sérieux à recourir à l'enquête spéciale.

Aux termes du projet, les ventes autorisées à titre exceptionnel, par l'article 7 (nouveau), peuvent avoir lieu seulement au profit des Européens, et cette expression se rencontre également dans l'article précédent. On a fait remarquer qu'elle n'était pas absolument exacte, et, en effet, la pensée de la loi n'est pas de limiter aux seuls acheteurs venus du continent européen la faveur qu'elle accorde aux immigrants dans l'intérêt de la colonisation ; mais la commission a pensé que le sens de ce terme se précisait suffisamment par son opposition avec l'idée d'indigénat : l'immigrant originaire d'Amérique ou d'Asie, qui viendrait acheter un immeuble situé en territoire de propriété collective pour le soumettre à la loi française et le posséder dans les conditions de notre droit civil, ne jouirait pas, à cet égard, de moins de faveur que le colon espagnol ou maltais. Nous avons donc renoncé à changer sous ce rapport la rédaction de l'article 7.

XI

Les formes et délais de l'enquête à laquelle la demande sera soumise sont précisés par les articles 8 et 9 (nouveaux) du projet. Nous vous proposons l'adoption de ces deux articles.

Toutefois, nous avons cru devoir spécifier expressément, dans l'article 8, que l'enquête serait faite par l'administrateur du territoire ou l'un de ses adjoints. M. le gouverneur général, entendu par la commission, avait expliqué qu'une opération unique et spéciale rentrerait naturellement dans les attributions de l'administrateur, et serait accomplie par lui avec plus de compétence et moins de frais que par tout autre agent.

Dans le même article, nous avons remplacé le mot de *Mobacher* par celui de *Journal officiel de l'Algérie*.

Enfin, nous vous proposons de décider, comme à l'article 6, que l'administration des domaines sera tenue au courant des opérations qui s'accomplissent, afin qu'elle puisse veiller à la conservation des droits de l'État.

Dans l'article 9 (nouveau), nous avons, pour plus de clarté, rédigé le dernier alinéa comme il suit : « Le lendemain de l'expiration du délai, le commissaire enquêteur se transportera sur les lieux, à l'effet de vérifier l'objet des réclamations et d'arrêter définitivement ses conclusions sur ces réclamations et, en général, sur tous les droits réels qui peuvent affecter l'immeuble objet de la requête. »

Le texte des articles 8 et 9 étant ainsi arrêté, il est entendu que, si l'enquête fait voir que l'indigène vendeur aurait, dans une opération d'ensemble, obtenu l'attribution définitive de l'immeuble qu'il a promis de vendre. il lui est délivré un titre conforme aux prévisions de l'article 20 de la loi du 26 juillet 1873 et de la loi du 14 juillet 1879. L'Européen alors est en mesure de poursuivre l'exécution de la promesse de vente souscrite en sa faveur; l'immeuble est possédé par lui à titre privé, et porté, en conséquence, à la matrice de la contribution foncière.

XII

Jusqu'à présent, la loi du 26 juillet 1873 et le projet même qui vous est soumis (art. 3) n'ont tendu qu'à faire cesser l'indivision entre les familles.

Les articles 10 à 19 (nouveaux) de ce projet, dont nous avons maintenant à vous rendre compte, font un pas de plus : ils ont pour but de faciliter la licitation et le partage, entre les membres de la famille, des immeubles restés indivis après la délivrance des titres.

De telles dispositions sont évidemment conformes à l'esprit de la loi de 1873. Si cette loi soumet la propriété immobilière en Algérie à la loi française, c'est afin que cette propriété soit tenue, autant que possible, dans les mêmes conditions qu'en France, et devienne, par conséquent, plus productive, si le possesseur est en état de la faire valoir, plus mobile, s'il en est incapable. Il faut, pour cela, qu'une procédure peu coûteuse facilite l'appropriation individuelle.

Cette procédure, d'après le projet qui vous est soumis, pourra être amiable ou judiciaire; les articles 13, 14 et 15 traitent du partage amiable. Il a lieu, si les parties sont d'accord et capables de contracter, par acte passé devant un notaire ou un greffier notaire.

Même au cas où il se trouverait, parmi les ayants droit indigènes des incapables ou des absents, le partage aura lieu dans la même forme; mais il ne deviendra définitif qu'après avoir subi le contrôle du tribunal de première instance.

Enfin, si, après que les parties ont constaté, devant un notaire de leur choix, leur volonté de procéder à un partage amiable, et à l'occasion de ce partage, il s'élève entre elles des contestations, celles-ci seront portées, en premier ressort, devant le juge de paix de la situation des biens, et, en appel, devant le tribunal de première instance.

Nous avons, sur ce point, modifié la rédaction de l'article 14, sans rien changer au fond. Il nous a paru qu'il y avait avantage à suivre, dans le cas qu'il prévoit, les règles tracées par les articles 837 du Code civil et 977 du Code de procédure civile. Nous proposons donc d'obliger le notaire ou le greffier notaire que les parties ont requis de procéder à un partage amiable à dresser, le cas échéant, procès-verbal des difficultés soulevées devant lui, et à remettre ce procès-verbal au greffe du juge de paix, qui statuera sur la poursuite de la partie la plus diligente et sauf appel au tribunal de première instance.

XIII

Les articles 16 à 18 sont relatifs au partage judiciaire et à la licitation, qui deviennent nécessaires lorsque les parties ne se sont pas mises d'accord pour un partage amiable.

Ici, la loi fait un emprunt direct aux articles 966 et suivants du Code de procédure civile, qui traitent « des partages et licitations », mais, dans des vues d'économie et de célérité, elle simplifie la représentation des défendeurs indigènes sous un double rapport. Ils ne pourront avoir en justice qu'un représentant unique, à l'encontre duquel la procédure sera valablement suivie, et ce représentant unique ne pourra lui-même constituer qu'un seul défenseur ou avoué, à moins qu'au cours de la procédure, il ne se révèle des oppositions d'intérêt qui rendent nécessaire la désignation de représentants distincts, ayant chacun leur défenseur ou avoué.

Comme le projet n'organise aucune procédure pour la désignation de ces représentants, nous avons cru devoir ajouter à l'article 18 une disposition portant que le tribunal, lorsqu'il en reconnaîtra la nécessité, renverra les parties devant le juge de paix, qui statuera sur le vu d'une expédition du jugement et dans les formes de l'article 16 (nouveau).

XIV

Les partages amiables, les partages judiciaires, les licitations accomplies suivant les formes qui précèdent auront tous les effets des actes que le Code civil (articles 883 et suivants), et le Code de procédure civile (articles 966 et suivants) désignent sous ce nom ; ils ne pourront être attaqués que pour les causes et dans les conditions prévues par les art. 887 et suivants du Code civil. L'art. 18 (nouveau) du projet le déclare, et donne l'occasion de constater encore une fois le parti pris d'appliquer en tout la loi française, à moins qu'il n'y soit expressément dérogé.

XV

Lors, d'ailleurs, que la loi nouvelle introduit, en cette matière des partages, des dérogations à notre législation générale, elle ne le fait qu'à titre purement transitoire. Ainsi, il est bien entendu que la procédure spéciale qui vient d'être exposée n'a lieu que lorsque les immeubles sont partagés ou licités pour la première fois; on rentre ensuite dans le droit commun.

De même, les réductions de tarif stipulées par l'art. 19 (nouveau) sont spéciales, et les dispenses des droits de timbre et d'enregistrement accordées par l'art. 19 (nouveau) sont limitées à une période de cinq ans.

Aux termes du premier de ces articles, les notaires, greffiers notaires, défenseurs ou avoués qui concourront aux opérations prévues par la loi nouvelle verront fixer leurs honoraires par un décret qui les déterminera proportionnellement à la valeur des immeubles partagés et au montant de l'adjudication. Si le nombre des actes est considérable, comme on doit s'y attendre, un tarif même réduit pourra compenser les soins donnés et les responsabilités encourues par ces officiers publics ou ministériels.

L'art. 20 nouveau décide que, pendant un délai de cinq ans, à partir de la transcription des titres administratifs, tous les actes faits et les jugements rendus en exécution des art. 11 et suivants seront exempts du timbre et enregistrés gratis. Cette faveur n'est pas de nature à diminuer les recettes du Trésor, puisque les actes qui en sont l'objet n'auraient pas eu lieu si la loi nouvelle, par les facilités qu'elle donne, n'avait pas déterminé les transactions qu'ils constatent. Pour l'avenir, au contraire, le Trésor public doit trouver une nouvelle source de revenus dans la mobilité de la propriété désormais divisée et livrée à la liberté des transactions.

A ces raisons, qui sont données par l'exposé des motifs et qui ont eu notre assentiment, on peut ajouter que la reconnaissance et la constitution de la propriété imposent aux indigènes des dépenses et des sacrifices qui finissent par se résoudre en une charge individuelle vraiment lourde. Cet aspect de la question est envisagé dans l'art. 21 (nouveau), qui traite des moyens de pourvoir aux dépenses occasionnées par les travaux de constitution de la propriété arabe.

XVI

Outre qu'il faut créer des ressources pour l'avenir, il existe un arriéré de 1,560,000 francs qu'il est d'abord nécessaire de couvrir.

L'art. 24 de la loi du 26 juillet 1873 mettait à la charge du budget des centimes additionnels des tribus les dépenses de toute nature nécessitées par la constatation et la constitution de la propriété individuelle, et un décret du 27 juillet 1875 avait fixé la quotité des centimes à percevoir tant en pays arabe qu'en pays kabyle. Ces centimes produisaient annuellement environ 700,000 francs. Comme les dépenses annuelles étaient beaucoup plus considérables, il en est résulté l'arriéré dont le chiffre vient d'être précisé.

Cet écart entre les dépenses et les ressources provient-il exclusivement de l'insuffisance de ces dernières? On voit, à cet égard, dans une note de l'exposé des motifs, que des marchés passés en 1875 avec des brigades dites auxiliaires des levés généraux ont été conclus à des prix beaucoup trop élevés, puisque, à l'expiration de ces marchés, en la présente année 1885, on espère réduire à 2 fr. 10 le coût du levé d'un hectare, qui s'élevait, d'après les mêmes marchés, à 3 fr. 80. Il semble donc que les intérêts du budget des centimes additionnels, qui sont aussi ceux de l'État, n'ont pas été gérés avec une prudence suffisante, surtout si l'on considère que l'arriéré à liquider remonte à 1881 et n'a été signalé que tardivement à l'attention des pouvoirs publics.

Quoiqu'il en soit, la commission du budget de la Chambre des députés, lorsqu'elle a été saisie par un projet de loi, déposé le 5 juillet 1883, d'une demande de crédit extraordinaire, a décidé de n'accorder ce crédit de 1,560,000 francs qu'à titre d'avance remboursable, et, en conséquence, une loi du 28 décembre 1884 a ouvert au ministre des finances, sur l'exercice 1884, un crédit de 1,560,000 francs, à classer parmi les services spéciaux du Trésor sous le titre de : Avances au service de la propriété individuelle indigène en Algérie.

Pour obéir à cette indication, le gouvernement, par l'art. 21 (nouveau), propose l'ouverture d'un compte spécial, sous la rubrique : Avances au service de la propriété indigène en Algérie, ouvert par l'art. 1er de la loi du 28 décembre 1884. A l'actif de ce compte figureront des ressources spéciales qui vont être énumérées, et il sera, en revanche, chargé du remboursement de l'avance de 1,560,000 francs autorisée par ladite loi, comme aussi de tous les frais de délimitation, attribution de propriété et délivrance de titres nécessaires pour l'exécution de la loi en ce moment soumise au Sénat.

Les ressources spéciales seront constituées de la manière suivante :

1° La perception des centimes additionnels sera continuée pendant les années 1885, 1886 et 1887, de manière à produire une somme de 2,000,000 à 2,200,000 francs;

2° A l'avenir, chaque douar auquel la loi sera appliquée aura à payer, une fois les opérations accomplies sur son territoire, une contribution fixée proportionnellement à la superficie des propriétés constatées ou constituées ;

Une contribution analogue sera réclamée à titre de rappel aux douars ou fractions de douars dans lesquels les opérations ont déjà été accomplies ;

3° L'État et les communes supporteront leur part proportionnelle de cette contribution, en ce qui concerne les immeubles dont la propriété leur a déjà ou leur sera attribuée à l'avenir par suite des opérations de reconnaissance et de constatation de la propriété individuelle ;

4° A l'avenir, les frais de levés des plans des communaux indigènes déjà constitués, qui se trouveront compris dans les circonscriptions soumises aux opérations, seront remboursés par les communes intéressées et versés au fonds commun.

Un décret fixera le taux du recouvrement à faire par hectare sur les communes, ainsi que le mode et les termes du paiement des sommes prévues sous les n°s 2, 3 et 4.

Ces dispositions nous ont paru ne pas soulever de critiques. Il est bien vrai que, sous le n° 2, on étend rétroactivement au passé un mode nouveau de contribution aux dépenses ; mais, comme le gouvernement le fait observer, puisque les tribus et douars où la propriété est déjà constituée bénéficieront, comme les autres, à partir de 1888, de la suppression des centimes additionnels qui devaient être acquittés jusqu'à la constitution complète de la propriété, il est juste qu'ils prennent leur part de la charge qui remplace les centimes supprimés.

XVII

Le dernier article du projet, qui prononce l'abrogation des dispositions antérieures contraires, n'appelle aucune explication. Il ne nous reste donc qu'à vous demander de donner votre assentiment aux propositions du gouvernement, acceptées par votre commission dans leur ensemble et amendées seulement dans quelques détails.

Comme nous vous l'avons dit au début de ce travail, l'honorable M. Forcioli a soutenu, dans le sein de la commission, un système tout différent : suivant lui, il convenait de renoncer aux opérations administratives entreprises pour la reconnaissance de la propriété et la délivrance de titres individuels. Les difficultés que rencontreraient les tribunaux pour la reconnaissance de la propriété melk ne l'effrayent pas ; les limites en général, ne sont point, dit-il, incertaines, les ravins, les rochers, d'autres accidents du sol servent à les fixer. Les litiges, à son avis, seront donc promptement vidés.

Quant à la propriété arch, notre honorable collègue a émis l'opinion qu'il convenait de lever purement et simplement l'interdiction d'aliéner qui reste inscrite dans la loi. Il estime, en effet, que le sénatus-consulte du 22 avril 1863 a transformé le caractère de cette propriété, et que, si la jouissance effective est prouvée, il n'y a plus de raison de la distinguer de la propriété melk. Désormais, à son avis, l'acheteur d'une terre arch devrait être au même rang que celui d'une terre melk, courir les mêmes risques et trouver devant les tribunaux la même protection.

Si nous avons réussi à faire saisir l'économie du projet, on sait déjà pour quelles raisons la commission l'a préféré aux idées préconisées par notre honorable collègue.

La commission ne croit pas, comme l'honorable M. Forcioli, que l'application des titres possédés par les indigènes soit facile ; elle craint, au contraire, que l'incertitude de ces titres ne soit faite pour décourager les acquéreurs et entraver la colonisation. Elle professe une entière confiance dans les lumières des tribunaux de l'ordre judiciaire ; mais, éclairée par une expérience déjà longue, elle redoute l'intervention des hommes d'affaires et l'énormité des frais. C'est là ce qui la détermine surtout à persister dans la voie ouverte dès 1846, et à conserver à la reconnaissance de la propriété le caractère d'une opération administrative.

Sans doute, il est anormal de soumettre des questions de propriété à l'autorité administrative ; mais aussi, toutes les fois qu'on se trouve en présence d'un droit de propriété véritable, comme celui des indigènes possédant au titre melk, la loi du 26 juillet 1873 a voulu qu'un recours devant les tribunaux français de l'ordre judiciaire fût ouvert contre les opérations du commissaire enquêteur et contre les attributions faites sur ses conclusions par le service des domaines ; l'article 18 de cette loi ménage à l'indigène intéressé un délai de trois mois, que nous vous avons, tout à l'heure, proposé de maintenir, et qui est, à notre avis, suffisant pour lui permettre d'organiser sa défense. L'autorité judiciaire a donc le dernier mot, et la propriété retrouve, au besoin, toutes les garanties qui lui sont dues.

En même temps qu'on adresse au principe la critique à laquelle nous venons de répondre, on témoigne une défiance incurable contre la procédure organisée par la loi de 1873. Le commissaire enquêteur, dit-on, peut se tromper ; l'indigène peut ne pouvoir pas lire ou n'être pas en état de comprendre le double du procès-verbal qui est porté à sa connaissance ; le contrôle du gouverneur général, statuant en conseil de gouvernement, peut n'être pas efficace, parce que le travail risque d'être abandonné aux bureaux...

Toutes ces objections ne s'adressent pas précisément au projet de la loi nouvelle ; elles tendent, en réalité, à l'abrogation de la loi du 26 juillet 1873 ; or, l'exécution de cette loi, dans la pratique, n'a pas donné lieu jusqu'ici aux inconvédients qu'on suppose ; la propriété individuelle a été reconnue sur plus de 700,000 hectares, sans que des plaintes se soient élevées contre les opérations des commissaires enquêteurs ; l'accès des tribunaux a été, au besoin, ouvert aux réclamations des indigènes ; il nous a semblé que l'expérience ainsi faite était décisive, et qu'il y avait lieu, en conséquence, d'améliorer, dans la mesure du possible, la loi de 1873 et non de l'abroger.

En ce qui concerne la propriété arch, que l'honorable M. Forcioli voulait rendre immédiatement aliénable, comme la propriété melk, nous avons cru que l'art. 7 (nouveau) donnait satisfaction à ce que la pensée de notre collègue avait d'acceptable. Moyennant les formalités introduites par le projet, les ventes pourront avoir lieu même dans les territoires de propriété collective, mais elles seront entourées de garanties sérieuses : l'acheteur qui aura rempli ces formalités aura un titre incontestable, le seul que puisse accepter un colon venu pour mettre la terre en valeur et non pour soutenir des procès devant les tribunaux. C'est ainsi, suivant nous, que le possesseur d'une terre arch jouira des mêmes avantages que celui d'une terre melk, en même temps qu'il sera donné à la colonisation de pénétrer même dans les territoires de propriété collective, où la délivrance des titres n'aura pu encore avoir lieu.

Nous ne regardons, d'ailleurs, la procédure exceptionnelle de l'art 7 (nouveau) que comme un expédient transitoire dont l'application cessera dès que l'exécution de la loi de 1873 sera commencée sur toute l'étendue du sol de l'Algérie, et nous comptons que l'administration algérienne, une fois armée des moyens d'action qu'elle réclame, voudra poursuivre avec toute l'activité nécessaire une entreprise depuis si longtemps en cours.

La présente loi, nous le répétons, ne change nullement le caractère de cette entreprise; il s'agit toujours de délivrer le plus tôt possible la terre algérienne du mode de possession collective imposé par la tradition arabe et qui continue de stériliser un sol comparable, comme le disait le docteur Warnier, aux plus riches domaines de l'Europe méridionale.

Il y a quelques années encore, on n'empruntait la preuve de cette fertilité qu'à l'histoire. Aujourd'hui, grâce au courage et à l'activité des colons, à leur esprit d'initiative, la démonstration directe est sous nos yeux; elle deviendra de plus en plus éclatante à mesure des progrès de la propriété individuelle, soit que les terres passent aux mains des Européens, soit qu'après des partages réguliers, elles restent aux mains des anciens propriétaires ou détenteurs, qui ne doivent pas moins profiter que les colons eux-mêmes de l'application de la législation française. »

RAPPORT A LA CHAMBRE DES DÉPUTÉS

FAIT AU NOM DE LA COMMISSION (1) PAR M. BOURLIER

« Le gouvernement a soumis à votre examen un projet de loi, voté par le Sénat, ayant pour objet d'amender la loi du 26 juillet 1873.

Le 29 janvier 1872, l'Assemblée nationale était saisie d'un projet de loi relatif *à l'établissement et à la conservation de la propriété en Algérie*, ainsi qu'à la transmission contractuelle des immeubles et des droits immobiliers, et, à la date du 27 mars suivant, d'un projet, dit *loi de procédure*, destiné à fixer les règles d'après lesquelles la loi de principe serait appliquée.

Ces deux projets, amendés par la commission nommée pour les étudier, et fondus en un seul, sont devenus la loi du 26 juillet 1873. Toutefois, la commission avait cru devoir retrancher du projet du gouvernement le titre *relatif aux partages et licitations*.

Destinée à continuer, en la complétant, l'œuvre commencée par l'ordonnance du 21 juillet 1846, la loi du 16 juin 1851 et le sénatus-consulte du 22 avril 1863, la loi du 26 juillet 1873 fut accueillie comme un des actes les plus propres à consolider la conquête et à favoriser la colonisation du pays. Son exécution fut si mal commencée que les plaintes ne tardèrent pas à s'élever de différents côtés. Les assemblées électives de la colonie s'en firent l'écho et les députés des départements algériens les appuyèrent de leurs protestations.

Le gouvernement général, reconnaissant la grave responsabilité qu'il encourait, provoqua les avis et sollicita les conseils des hommes et des corps compétents.

Les uns, partant de cette idée que la loi seule était mauvaise, sans rechercher dans l'appréciation des faits la large part d'influence qu'avait la façon dont elle était appliquée, proposèrent comme unique remède la substitution d'une législation nouvelle.

Les autres, après avoir constaté que la principale source du mal était l'insuffisance de la direction et du contrôle, émirent l'avis que l'œuvre délicate de l'établissement de la propriété pouvait être réalisée avec la loi du 26 juillet 1873, à la condition d'employer une meilleure méthode et d'introduire quelques amendements sur lesquels l'opinion de tous se rencontrait.

Le gouvernement adopta cette dernière manière de voir. Le 6 mars 1883, le service de la propriété fut réorganisé. Le 18 août suivant, des instructions régularisèrent le mode d'application. Un projet de loi renfermant les modifications et additions jugées nécessaires fut rédigé. Ce projet, déposé sur le bureau du Sénat le 4 décembre 1884, voté par cette assemblée sans

---

(1) Cette commission était composée de MM. Versigny, *président ;* Laur, *secrétaire ;* Letellier, Étienne, comte de Lanjuinais, Crozet-Fourneyron, Bourlier, Yves Guyot, Adolphe Cochery, Sabatier, Jullien.

changements importants, a été déposé à la Chambre dans la séance du 23 janvier 1886. Ses principales dispositions peuvent être résumées ainsi qu'il suit :

Exécution préalable, dans les tribus qui n'ont pas été soumises à l'application du sénatus-consulte du 22 avril 1863, des opérations de délimitation et de répartition prévues par les paragraphes 1er et 2e de l'art. 2 de cet acte législatif ;

En cas d'indivision entre plusieurs familles, répartition à faire entre elles, avant la délivrance des titres, des immeubles commodément partageables ;

Suppression du ministère des cadis et application des formes et conditions de la loi française pour les cessions, licitations et partages de droits successifs portant sur des immeubles soumis à cette loi ;

Prorogation du délai accordé aux tiers pour faire inscrire ou transcrire leurs titres aux hypothèques lors de l'établissement des titres de propriété à délivrer aux indigènes ;

Bornage de l'immeuble dans le cas de vente faite à un Européen, en exécution des dispositions transitoires de la loi ;

Organisation d'un système d'enquêtes partielles permettant d'aliéner, au profit d'Européens, les immeubles dépendant des territoires de propriété collective, avant l'exécution, sur ces territoires, des opérations d'ensemble prescrites par la loi ;

Établissement d'une procédure spéciale et peu coûteuse destinée à favoriser, une fois la propriété individuelle constituée, le partage des immeubles restés indivis ;

Modification des voies et moyens et des ressources financières affectées aux travaux de constitution de la propriété indigène.

L'examen attentif de ce projet auquel s'est livré la commission a provoqué des observations diverses, dont voici le résumé succinct.

Dans le but de faciliter et d'accélérer l'application de la loi, plusieurs membres ont exprimé le désir que la purge spéciale fût généralisée, sous cette seule réserve qu'elle ne viserait que les droits réels des indigènes. Dans leur pensée, l'adoption de cet amendement devait avoir, entre autres conséquences, l'avantage de diminuer, dans une large mesure, l'intervention administrative.

Tout en reconnaissant ce que cette proposition avait de séduisant, d'autres membres ont mis en doute que son adoption dût avoir des avantages aussi importants que le pensaient ses auteurs. Elle aurait des inconvénients, qu'il fallait indiquer pour permettre d'apprécier en pleine connaissance de cause.

La purge spéciale entraîne toujours des dépenses élevées. Pour que l'extension proposée ne restât pas un droit platonique pour les indigènes, les formalités obligatoires devraient être réduites dans une large mesure. Est-ce possible ? Assurément ; mais à la condition de supprimer une partie des garanties nécessaires. Le projet de loi qui fait l'objet de l'examen de la commission, loin de proposer des simplifications pour la purge spéciale, demande, au contraire, de nouvelles garanties, afin de mettre obstacle aux opérations malhonnêtes qui ont pu être pratiquées avec le texte de la loi du 26 juillet 1873. Ces garanties sont : la production d'un acte notarié, d'un plan de l'immeuble, et du procès-verbal de bornage, par le juge de paix, du terrain figuré au plan. Les publications exigées précédemment sont maintenues. Le plus grand nombre des propriétés indigènes, d'une si minime valeur, seraient grevées de frais absolument disproportionnés avec les bénéfices retirés de l'opération.

Des considérations d'ordre politique et d'administration font une obligation au gouvernement de déterminer, avant toutes autres, les limites des tribus, d'organiser les douars communs, de reconnaître le domaine public, celui de l'État, de la commune et les groupes de propriétés privées. Accorder, avant que l'ensemble de ces opérations fût terminé, le droit à tous les indigènes des territoires quelconques de l'Algérie de réclamer, à l'heure qu'il leur plairait de choisir, le bénéfice de l'application de la purge spéciale, serait provoquer un véritable désordre, et, si les demandes étaient nombreuses, mettre l'administration dans l'impossibilité, avec le personnel dont elle dispose, d'en assurer l'exécution.

Mais si, dans le moment actuel, l'amendement ne donnerait point tous les résultats entrevus par les membres qui l'ont proposé, s'il serait entouré dans son application de difficultés et d'inconvénients, il faut reconnaître que le moment viendra prochainement où la terre indigène, par l'application de la loi de 1873, par le développement de la colonisation, atteindra une valeur plus grande et sera mieux assise ou délivrée de l'indivision.

C'est à ce moment que l'amendement proposé pourra trouver une occasion favorable d'être adopté. Mais alors le cadre tracé par nos collègues méritera d'être élargi ; on sera amené par une étude attentive à reconnaître que l'application de la purge spéciale n'est qu'un moyen et qu'elle n'est point le but principal. Le problème à résoudre est plus général. Le progrès réside à établir sur des bases nouvelles le régime rationnel de la propriété foncière en Algérie. Et alors il y aura lieu de rechercher les modifications à apporter à la législation sur les privilèges et hypothèques, la création de bons hypothécaires, de déterminer, en un mot, dans quelle mesure et dans quelles conditions est possible l'application, en Algérie, de l'acte Torrens, si heureusement mis en lumière par notre collègue M. Yves-Guyot.

Les bases essentielles du nouveau régime une fois établies, les immeubles appelés à en bénéficier seraient naturellement ceux auxquels la loi du 26 juillet 1873 aurait été appliquée et qui auraient à recevoir l'application de la purge spéciale pour pouvoir jouir du bénéfice des réformes introduites.

Les frais de la purge seront sensiblement réduits, puisque la remise du plan, en vertu de l'application de la loi du 26 juillet 1873, supprimera l'obligation d'en établir un nouveau, ainsi que le bornage. D'un autre côté, l'individualisation et la mobilisation de la terre constitueront un avantage assez sérieux pour être acheté au prix de quelques publications. A ce moment aussi, le territoire entier aura reçu l'application des paragraphes 1er et 2e du sénatus-consulte, et l'extension de la purge pourra être faite, même dans les territoires où la propriété individuelle ne sera pas constituée, sans présenter les mêmes inconvénients politiques et administratifs.

La commission s'est rangée à cette dernière opinion ; mais, tout en maintenant le fonctionnement de la purge spéciale dans les limites de la loi de 1873, modifiées, ainsi qu'il sera dit plus loin, elle est d'avis unanime qu'il y a lieu d'inviter le gouvernement à présenter immédiatement un projet de loi, complément nécessaire et logique de l'établissement de la propriété en Algérie, définissant et établissant le régime de la propriété foncière dans cette colonie. Ses membres n'auraient pas hésité à user de leurs droits d'initiative dans cette circonstance, s'ils n'avaient été informés qu'un projet est élaboré sur cette importante question et doit être, à courte échéance, soumis à vos délibérations.

Cette première partie de la discussion épuisée, la commission a examiné successivement chacun des articles du projet.

Le texte de l'art. 2 a soulevé les remarques suivantes :

Le décret du 23 mai 1863, portant règlement d'administration publique pour l'exécution du sénatus-consulte, ainsi que les instructions générales du ministre de la guerre pour son application, ont été abrogés implicitement par les titres II et III de la loi du 26 juillet 1873. Mais le sénatus-consulte du 22 avril 1863 a été confirmé dans toutes ses dispositions par le titre Ier de ladite loi. La conséquence devait être l'exécution simultanée des trois opérations, contrairement aux errements suivis jusqu'alors. Dès les premières tentatives, on a reconnu l'impossibilité de suivre cette voie.

La loi du 26 juillet 1873 a institué deux procédures comportant des sanctions différentes, l'une (chap. 1er du titre II) applicable aux territoires de propriété privée et déférant aux tribunaux de l'ordre judiciaire la solution de toutes les contestations produites, dans les délais, contre les conclusions du commissaire enquêteur ; l'autre (chap. 2 du titre II) applicable aux territoires de propriété collective et comportant exclusivement la sanction du gouverneur général, statuant en conseil de gouvernement.

Or, là où, le sénatus-consulte n'ayant pas été appliqué, le caractère de la possession privative ou collective n'était pas juridiquement constaté, quelle était celle des deux procédures applicable ? Fallait-il confier au commissaire enquêteur le soin de cette constatation emportant avec elle la détermination des compétences, et, dans l'affirmative, quelles devaient être les formes et les conditions de cette opération spéciale ?

La loi du 26 juillet 1873 ne contenant aucune disposition à cet égard, tout en abrogeant implicitement la procédure ancienne, l'administration a dû abandonner les travaux qui avaient été entrepris dans les territoires qui n'avaient pas été soumis à l'application du sénatus-consulte, et renoncer à y constituer la propriété individuelle jusqu'au moment où des dispositions législatives complémentaires auraient tracé la marche à suivre.

Sous le régime du sénatus-consulte de 1863, les formalités à remplir étaient réglementées par le décret du 23 mai 1863, obligeant, dans chaque territoire de tribu, les propriétaires, à titre privatif, et le service des domaines, pour les biens de l'État, à former leur revendication, devant le président de la commission, dans le délai de deux mois à partir des publications sous peine de déchéance. Dans le cas d'opposition de la part de la djemàa, représentant la collectivité, les revendiquants devaient former la demande en justice dans le délai d'un mois à partir de cette opposition. Les décrets ultérieurs de répartition sanctionnant les opérations présentaient le classement des terres : réserve faite des communaux, les terres non revendiquées à titre de propriété privée étaient déclarées terres collectives, et la propriété individuelle devait y être ultérieurement constituée au profit des membres du douar. Quant aux terres déclarées de propriété privée, elles ne devaient pas être soumises à l'opération de constitution de propriété individuelle : elles devenaient aliénables, susceptibles d'hypothèque et soumises à toutes les règles du droit commun, l'art. 6 du sénatus-consulte ayant levé, à leur égard, les dispositions prohibitives contenues dans l'art. 4 de la loi du 16 juin 1851.

Le législateur de 1873, jugeant avec raison que les droits de propriété privée sur les terres de cette catégorie étaient établis dans des conditions confuses, ne présentant pour les acquéreurs ni certitude, ni sécurité, a voulu qu'elles fussent, comme les terres de propriété collective, soumises aux opérations de reconnaissance du commissaire enquêteur, et que des titres français fussent, pour les unes comme pour les autres, délivrés aux ayants droit. Mais, en distinguant les procédures et les sanctions à appliquer dans les deux cas, la loi a omis, ainsi qu'il a été dit plus haut, de fixer les règles à adopter pour la détermination préalable des deux natures de propriété.

C'est pour obtenir cette détermination préalable, nécessaire pour l'application de l'une ou l'autre des deux procédures instituées par la loi de 1873, que le projet de révision de cette loi propose de revenir à l'application des deux premières opérations prescrites par l'art. 2 du sénatus-consulte du 22 avril 1863, sauf à modifier les procédés d'exécution tracés par le décret du 23 mai 1863, que la loi de 1873 a d'ailleurs implicitement abrogé.

La première de ces deux opérations, délimitation des tribus entre elles, est une opération indispensable pour arriver à la division des territoires en sections communales, elle l'est aussi pour déterminer les ayants droit du sol, les attributions de propriété en territoire collectif ne pouvant, aux termes de l'art. 3 de la loi de 1873, être faites qu'aux « membres de la tribu ».

La deuxième opération, répartition des territoires en douars ou sections communales, n'est pas moins nécessaire, puisque c'est son exécution qui permettra de constituer le domaine communal des douars et d'établir juridiquement entre les diverses natures de propriété la distinction et le classement préalables que comporte la double procédure instituée par la loi.

Ces considérations ne sont pas les seules qui puissent justifier l'art. 2.

Si la constitution et la constatation de la propriété privée importent au plus haut point dans certaines parties du pays, et s'il en est d'autres où elles peuvent attendre sans inconvénients, il n'en est pas de même de la délimitation de la tribu et de la constitution du douar-commune.

Au point de vue politique, parce qu'il importe au plus haut point que les indigènes connaissent leur véritable domaine ; au point de vue économique, parce que c'est le seul moyen d'arriver à fixer au sol, partout où la chose est possible, l'indigène nomade ; au point de vue de la colonisation, n'est-ce pas aussi la marche la plus expéditive pour reconnaître l'importance des biens vacants et sans maître ?

L'attention de la commission a été appelée sur le sens qu'elle entendait donner à ces mots : « Dans toutes les tribus où ces opérations n'ont pas été exécutées. »

S'agit-il seulement du Tell, où le sénatus-consulte était applicable, ou bien faut-il comprendre que la mesure sera exécutée dans les tribus de l'Algérie tout entière ? Il s'agit, dans l'espèce, d'un travail qui doit précéder l'établissement de la propriété individuelle, en vertu de la loi de 1873. Cette loi n'était jugée momentanément utile que dans la région tellienne ; mais, pour tenir compte des nécessités de l'avenir, le législateur a prévu, dans une disposition spéciale, le moment où son extension devra s'opérer.

La commission croit-elle que la délimitation des tribus et la constitution des douars importent seulement à la région du Tell comme il y a quinze ans? Ne croit-elle pas au contraire que le moment est venu de faire cesser, à ce point de vue, toute distinction entre les territoires ?

Les motifs qui ont pu justifier les réserves inscrites dans les législations antérieures n'ont plus leur raison d'être aujourd'hui. Les moyens de pénétration augmentent chaque année et se perfectionnent. Des intérêts nouveaux, de plus en plus considérables, se développent dans le rayon d'action des routes et des voies ferrées. Ces premiers éléments de la prospérité de la fortune publique, ne faut-il pas les solliciter dans l'intérêt d'une sage politique, au lieu de leur créer des obstacles par le maintien de l'état actuel des choses?

Dans le Sahara, la sonde artésienne, entre les mains de l'Européen, fait jaillir l'eau indispensable au palmier. Il ne manque à cette région aujourd'hui déshéritée que l'émancipation de la terre pour que les capitaux libres transforment le sable et le gypse arides en fertiles vergers sur bien des points.

Le Haut-Plateau, ce steppe immense si riche en sources naturelles remarquables, au milieu duquel la vapeur nous fait pénétrer de plus en plus, n'est-il pas appelé à donner entre les mains ou sous la direction d'Européens quatre fois plus de laine et de viande qu'aujourd'hui ?

Des installations dignes d'être prises pour modèle dans l'Oued-R'ir, dans le Haut-Plateau, ont déjà montré que l'Européen y rencontre toutes les conditions de la richesse. L'indigène lui-même est-il si réfractaire à l'idée de vivre sans cette agitation permanente de la vie pastorale, et restreindre les pérégrinations du nomade n'est-il pas un problème qui s'impose à notre politique pour que nous ne recherchions à aider toutes les tendances individuelles qui peuvent se manifester ? Sa solution pourrait être moins éloignée qu'on ne l'admet généralement, parce que l'on juge loin du milieu et sans connaître les données nécessaires. Il serait puéril assurément de songer à immobiliser d'un seul coup les pasteurs ; mais on peut hardiment prévoir que le jour où la terre sera partagée, partout où elle est susceptible de culture, entre les familles devenues propriétaires par titre régulier, où l'eau sera aménagée avec économie et assurée à la récolte qu'elle doit préserver des ardeurs du climat, bien des familles s'associeront sur leurs lots. Des groupes de populations, dans le Haut-Plateau, dans le Sahara, ont existé jadis nombreuses. Les guerres de conquêtes les ont fait disparaître, il y a des siècles, les dissensions intestines plus tard les ont empêché de renaître. La paix, l'amour de la propriété, une sage administration les relèveront de leurs ruines au grand profit de notre domination.

Il doit donc être formellement entendu que le bénéfice de l'art. 2 sera appliqué à tout le territoire algérien. Le personnel administratif civil et militaire dont dispose le gouvernement sur place rendra cette tâche facile et son accomplissement rapide.

Nous passons à l'examen de l'art. 3. La commission du Sénat a modifié le texte du gouvernement. Elle en a conservé le premier paragraphe, rejetant, sans donner les motifs, le deuxième, qui renfermait la définition islamique de la famille : « Sous l'appellation de famille sont compris tous les successibles jusqu'au sixième degré inclusivement. »

Si le rapporteur du Sénat nous avait fait connaître les considérations qui ont dirigé la commission, il nous eût évité une double obligation : rechercher la justification de cette suppression, préciser les termes d'une définition de la famille.

Il est probable que la présence des mots *commodément partageables* a paru suffisante à la commission du Sénat pour indiquer ce qu'elle pensait du degré de l'indivision au delà duquel il fallait partager. Ayant défini la loi, elle a jugé superflu de s'occuper de définir la famille. Nous croyons que l'on ne peut échapper à cette dernière obligation, car c'est le seul moyen de déférer aux prescriptions du législateur, qui a voulu rompre l'indivision *entre les familles*. Pour bien comprendre cette nécessité, il suffit de se reporter en arrière, de voir dans le présent, pour comprendre les réformes obligées.

Les instructions du 1er juillet 1875, rédigées par le général Chanzy, entendaient par famille des groupes dont la composition pouvait avoir cent, deux cents ayants droit.

Les conséquences d'une appréciation aussi erronée ne pouvaient qu'être fâcheuses. Elles ont été signalées en 1876 et en 1879 par la représentation algérienne. Voici comment s'explique, à ce propos, un document officiel postérieur : « On vit des commissaires enquêteurs, exagérant l'indivision existante et s'inspirant des indications des arbres généalogiques, faire figurer parmi les ayants droits de l'immeuble des individus, membres peut-être de la famille, mais étrangers à la propriété, en faisant revivre des droits éteints et prescrits... »

Sans doute, depuis 1883, ces errements ne sont plus suivis. Les commissaires enquêteurs prennent aujourd'hui pour guide la possession, qui constitue la première présomption de la propriété. Ils ne se basent plus exclusivement sur des arbres généalogiques pour déterminer les quoteparts. Ils cherchent à attribuer la propriété aux véritables ayants droits, sans être autorisés toutefois à procéder d'office au partage entre les divers copartageants. Mais, si la famille n'a plus les bornes exagérées de la famille de 1875 pour les commissaires enquêteurs, la famille islamique est encore consacrée par eux ; ils maintiennent ainsi l'indivision au delà de ce qu'a voulu la loi. Ce n'est ni dans la famille entendue par le général Chanzy, ni dans la famille islamique que nous voyons l'unité familiale sur la tête de laquelle il faut établir la propriété. Pour la trouver, examinons les conditions d'existence de la société indigène.

Si l'on pénètre dans les territoires indigènes, on reconnaît que, soit sous la tente, soit sous le toit du gourbi ou de la maison, il n'y a jamais autour du même foyer qu'un petit nombre d'êtres unis par les liens les plus intimes : un mari, une femme, des enfants, et, plus rarement, des sœurs, des neveux en bas âge, une vieille mère ou un père infirme. Jamais deux ménages. On ne trouve dans ce milieu aucune différence caractéristique saillante entre la famille du pays de France et celle du fellah algérien, en dehors de la bigamie, de la polygamie, qui constituent des exceptions. Pour employer une expression qui est bien connue dans la mère-patrie, ce petit groupe de parents vivant sous le même toit, autour du même foyer, ayant des intérêts très directs et prochains, c'est le feu ; c'est notre famille.

Il est nécessaire de donner une définition juridique à notre pensée : la famille, le feu, est le groupe formé par le majeur, maître de ses droits, avec les femmes, les enfants et les incapables qui suivent sa fortune.

C'est au profit de ce groupe, de ce feu, de cette famille que l'indivision doit être brisée, c'est jusqu'à lui que le commissaire enquêteur doit pousser le partage, sous cette seule réserve que le bien soit *commodément partageable*. Il faut aussi comprendre comme feu ou famille le mineur, sur la tête duquel repose un patrimoine distinct, même s'il est en présence de tuteur ou de père, et assimiler l'interdit au mineur.

Nous venons d'essayer, en rendant sensible notre pensée, de serrer la question de plus près qu'on ne l'avait fait jusqu'à présent. Allons-nous écarter par là toutes les difficultés dans l'avenir ? Nous n'avons pas la prétention de le croire ; mais nous empêcherons, bien plus que par les indications antérieures, les fautes graves et nombreuses. Avec notre définition de la famille, tenant compte de la *commodité du partage* entendu par la jurisprudence qui s'est formée pour l'application de l'art. 827 du Code civil, les commissaires enquêteurs auront un guide plus exact. La terre mieux répartie deviendra une source de prospérité pour les populations indigènes, au lieu d'être une source de ruine et de division.

Les dispositions de l'art. 4 ont pour but, ainsi que cela a été clairement démontré dans l'exposé des motifs qui précède le projet de loi et dans le rapport de la commission du Sénat, de soumettre aux conditions et aux formes de la loi française les cessions, les licitations et les partages des droits successifs portant sur les immeubles pour lesquels des titres définitifs ont été délivrés en exécution de la loi du 26 juillet 1873, à l'exclusion de ceux auxquels cette loi n'a pas encore été appliquée.

L'art. 11 du projet porte :

« Les immeubles appartenant aux indigènes pourront, après l'accomplissement des opérations du titre II de la loi du 26 juillet 1873, être partagés ou licités pour la première fois, suivant les formes spéciales ci-après, à la requête de tout copropriétaire, tuteur ou curateur et de tout créancier de l'un des copropriétaires. »

La question s'est posée de savoir si par « immeubles appartenant à des indigènes », il faut entendre des immeubles appartenant exclusivement à des indigènes, ou si cette expression s'applique aux droits des indigènes sur tous immeubles, que ces immeubles leur appartiennent exclusivement ou qu'ils soient indivis entre eux et des Européens.

Cette dernière interprétation est la seule logique, la seule qui soit dans l'esprit du projet de loi, la seule qu'aient eu en vue les rédacteurs du texte primitif. C'est la seule qui puisse être adoptée.

Ce sont, en effet, les acquisitions faites par des Européens de parts indivises dans les immeubles indigènes soumis aux opérations de la loi de 1873 qui, le plus souvent, provoquent des licitations ruineuses pour les indigènes dans les conditions actuelles de la législation. Le projet de loi a précisément pour but d'apporter un remède à cette situation.

Le texte du premier projet préparé par le gouvernement général contenait un peu plus de développements que celui arrêté en dernier lieu et soumis par le gouvernement au Sénat. Il portait, comme l'art. 11 du projet actuel : « *Les immeubles appartenant aux indigènes pourront*, etc. » Mais il contenait d'autres dispositions qui ont été supprimées comme inutiles, et qui commençaient ainsi : « S'il y a des copropriétaires européens, le par- » tage, etc., » ce qui démontre bien que l'expression première « immeu- » bles appartenant aux indigènes » s'applique aux droits immobiliers des indigènes, d'une manière générale, que les immeubles leur appartiennent exclusivement ou qu'ils soient indivis entre eux et des Européens.

L'expression « immeubles appartenant aux indigènes » est synonyme de « droits immobiliers des indigènes » ; c'est sa véritable signification ; c'est la seule qu'elle puisse recevoir. Une restriction ne pourrait y être apportée que par une disposition formelle du projet de loi. Or, cette disposition n'existe pas.

L'idée générale est, au contraire, confirmée par le texte employé dans les autres dispositions du projet.

Ainsi, il est dit que le partage ou la licitation des « immeubles appar-
» tenant aux indigènes » pourra avoir lieu « à la requête de *tout* copro-
» priétaire, tuteur ou curateur et de *tout* créancier de l'un des coproprié-
» taires. »

A l'article 13, il est dit : « Si, *parmi les ayants droits indigènes*, se trou-
» vent des incapables et des absents... » La spécialité de cette disposi-
tion et la forme employée indiquent bien qu'il peut y avoir d'autres ayants droit que les ayants droit indigènes.

Il semble donc qu'il est inutile d'ajouter une disposition au projet de loi ou d'en modifier la rédaction pour préciser que par « immeubles apparte-
» nant aux indigènes » il faut entendre « les droits immobiliers des indi-
» gènes » sur tous les immeubles leur appartenant exclusivement ou par indivis entre eux et des Européens. C'est cette signification que la commission a tenu à accentuer d'une manière spéciale.

La question s'est également posée de savoir si le mot *pourront*, employé dans le même article 11, constitue une faculté pour le demandeur, ou s'il lui impose une obligation.

Cette question se trouve résolue dans le sens de l'obligation par le premier paragraphe de l'art. 16, ainsi conçu :

« Toute action en partage et en licitation devra, à peine d'une amende de cent francs contre l'officier ministériel qui l'aura introduite et de tous dommages-intérêts, être précédée de la nomination d'un représentant unique des défendeurs indigènes, à l'encontre duquel la procédure sera vala-
blement suivie. »

Les frais faits par l'officier ministériel au mépris des prescriptions de cet article pourraient d'ailleurs être laissés à sa charge comme frustatoires, aux termes de l'art. 1031 du Code de procédure civile.

Dans ces conditions, le doute n'est pas possible, les parties n'auraient même aucun intérêt à demander la nullité de la poursuite, puisque les frais indûment faits ne seront jamais supportés par elles, soit que le tribunal les laisse à la charge de l'officier ministériel, soit qu'il le condamne à des dommages-intérêts.

En se bornant à ces observations, la commission n'entend nullement prétendre que le projet voté par le Sénat apporte le dernier perfectionne-
ment à la loi du 26 juillet 1873. Mais elle est convaincue que, pour atteiu-
dre la perfection, il faut beaucoup de temps et d'expérience. Il lui a été démontré que l'on ne pouvait tarder davantage à porter un remède au maintien d'une indivision fâcheuse, aux opérations de licitation et d'acquisition de propriétés, d'après les formes prescrites par la loi de 1873, si l'on ne veut maintenir ou introduire un très grand trouble dans la fortune des indigènes. Elle pense avec non moins de conviction que le moment est

venu de permettre à l'Européen de pénétrer partout, sans distinction de territoire.

Voilà l'œuvre du moment. C'est la manière d'obtenir le progrès sans apporter des retards préjudiciables.

Elle ne peut mieux exprimer sa pensée qu'en formulant le vœu que le gouvernement dépose, dans le plus bref délai, le projet de loi sur le régime de la propriété foncière en Algérie.

Il ne reste plus à votre commission qu'à vous proposer l'adoption du projet voté par le Sénat. »

TABLE DES MATIÈRES

PARTIE PRINCIPALE

PARTIE SUPPLÉMENTAIRE

9 782019 254117